北京语言大学国际汉语教学研究基地重点项目成果丛书

国际汉语教学

综合课教学方法与技巧

总 策 划：崔希亮　王路江
总 主 编：迟兰英
分册主编：姜丽萍

INTERNATIONAL CHINESE TEACHING
Methods and Techniques for Teaching a Comprehensive Course

姜丽萍　赵秀娟　吴春仙　著

北京语言大学出版社
BEIJING LANGUAGE AND CULTURE
UNIVERSITY PRESS

图书在版编目（CIP）数据

综合课教学方法与技巧 / 姜丽萍主编；赵秀娟，吴春仙著 . -- 北京：北京语言大学出版社，2014. 6 (2025.1重印)

（国际汉语教学）

ISBN 978-7-5619-3842-3

Ⅰ . ①综… Ⅱ . ①姜… ②赵… ③吴… Ⅲ①对外汉语教学－教学法 Ⅳ . ① H195.3

中国版本图书馆 CIP 数据核字（2014）第 116867 号

书　　名：综合课教学方法与技巧
ZONGHEKE JIAOXUE FANGFA YU JIQIAO

责任编辑：李　炜
责任印制：邝　天

出版发行：北京语言大学出版社

社　　址：北京市海淀区学院路 15 号　　邮政编码：100083
网　　址：www.blcup.com
电　　话：发行部　010-82303650 / 3591 / 3651
　　　　　编辑部　010-82303647 / 3592 / 3395
　　　　　读者服务部　010-82303653 / 3908
　　　　　网上订购电话　010-82303668
　　　　　客户服务信箱　service@blcup.com
印　　刷：北京富资园科技发展有限公司
经　　销：全国新华书店

版　　次：2014 年 6 月第 1 版　　2025 年 1 月第 8 次印刷
开　　本：787 毫米 ×1092 毫米　1/16　印　张：14.25
字　　数：249 千字
书　　号：ISBN 978-7-5619-3842-3 / H·14106
定　　价：58.00 元

PRINTED IN CHINA

总　序

北京语言大学国际汉语教学研究基地是国家汉办首批建立的汉语国际教育十大研究基地之一，2009年4月3日正式揭牌成立。这个基地依托于北京语言大学汉语速成学院，整合了全校汉语国际教育资源，并与海内外专家学者合作，共同研究汉语国际教育的新方法和新理念，为孔子学院建设提供教学资源。基地建设的总目标是在总结既有经验的基础上，创新教学方法，解决"汉语难学"的瓶颈问题，为不同人群、不同层次、不同要求、不同目的学习者提供合用的教材和教学法，为海外孔子学院和孔子课堂提供相应的教学模式。基地建设的具体目标是完成"五个一"项目的建设，即一种教学模式、一套教材、一个教学资源包、一批种子教师、一个模拟国外实景教学实验中心。今年适逢北京语言大学建校50周年，研究基地的同事们完成了4部语言要素教学指导用书，3部语言技能教学指导用书，1部新教学法实验报告集和1部新汉语速成教学教材。现在这些研究成果即将付梓，为此我感到高兴。我相信这对于汉语国际教育的课堂教学来说是一种实在的贡献。

北京语言大学作为一所以对外汉语教学、汉语国际教育和推动"中华文化走出去"为主要任务的国际型大学，与海外11个国家的16所大学合作建设了16个孔子学院，教学规模不断扩大，教学方法不断改进，积累了许多宝贵的经验。这些宝贵的经验离不开北京语言大学50年的历史传承。学校自1962年独立建校以来已经为世界180多个国家和地区培养了13万多名懂汉语、了解中国社会和历史、熟悉中华文化的专门人才，个中甘苦不足为外人道也。2005年，我校汉语速成学院"对外汉语短期、速成、强化教学体系建设"荣获高等教育国家级教学成果二等奖，荣获北京市高等教育优秀教学成果一等奖。在几十年的教学实践中，我们创设的对外汉语短期、速成、强化教学体系可以为"汉语国际教育"搭建教学平台，为海外孔子学院提供标准化、规范化的教学模式，并针对不同地区、不同人群、不同的教学内容和不同的教学需求提供多种教学实施方案。我校承担的国家汉办项目、孔子学院主体教学模式——"长城汉语"多媒体教学系统及整套教材，已在海外100多所孔子学院和国内40多所高校和教育机构推广使用。学校拥有多个与汉语国际教育相关的高水平研究机构，对外汉语研究中心是教育部人文社会科学重点研究基地，北京语言大学出版社及其汉语教材研发中心是中国唯——家以研发并出版汉语第二语言教学所需的各类教材及理论著作为主的专业出版机构，目前已经出版发行教材和教学工具书 3500 多种。在这样的背景下，研究汉语国际教育的教学模式、教学法和教材具有得天独厚的优势。

即将与读者见面的 4 部语言要素教学指导用书内容涵盖了语音教学、词汇教学、语法教学和汉字教学四个方面，3 部语言技能教学指导用书涵盖了综合技能教学、读写技能教学和听说技能教学三个方面。这些教学指导用书的背后是新的教学理念和教学法。即将面世的新汉语速成教材《我和你》旨在体现全球化背景下的人际交流与互动。编写组充分调研并直接针对汉语国际教育的特殊需求与特定要求，深入挖掘海外汉语教育的个性化特征以及海外孔子学院的教学特点与教材需求。一部好的教材必须经受时间的检验。教师是否喜欢、学生是否喜欢是评价一部教材是否成功的客观标准。但愿这部教材能够经受时间的考验，在使用中不断完善修订。

汉语国际教学有许多值得研究的课题，而汉语国际教学研究基地的任务是相当明确的。目前，汉语国际教学资源包的建设还没有完成，海外调研的工作任务还很艰巨。希望研究基地的各位同人再接再厉，以优异的成绩迎接汉语国际教育的明天。

崔希亮

目　录

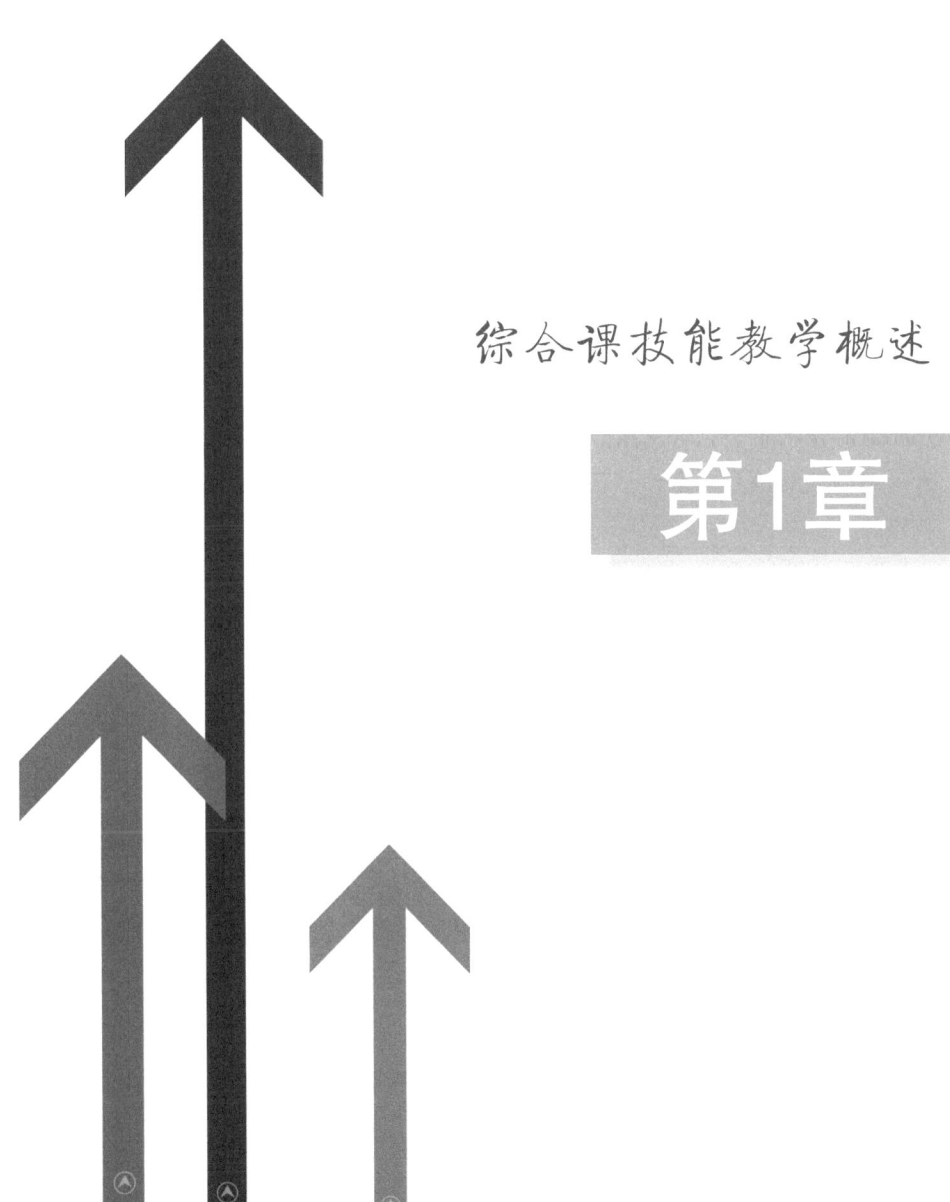

综合课技能教学概述

第1章

第 ① 节　对综合课技能教学的认识

　　综合技能教学一般通过综合课教学来完成。什么是综合课？按照对外汉语教学初级阶段课程规范的定义，"综合课是从语音、词汇、语法和汉字等语言要素和语言材料出发，结合相关的文化知识，对听、说、读、写等语言技能和语言交际技能进行综合训练"。[1] 同样，中级汉语综合课的课程规范也认为，中级汉语课（中级汉语综合课）"以语言训练为主，并辅之以必要的语言知识、文化背景知识的讲授。整个教学过程要进行听、说、读、写的综合训练"。[2] 可见，综合课是对外汉语教学的核心课型，它在教学中承担着多方面的教学任务，体现"综合"的特点。

一、语言知识的综合

　　我们知道，教外国人汉语首先要教构成语言系统的语音、词汇、语法、汉字等语言知识，还要教用来表达思想的科学文化知识、社会风俗习惯等和帮助学生进行有效交流的语用知识等，即《国际汉语教学通用课程大纲》（以下简称"大纲"）[3] 所描述的语音、字词、语法、功能、话题、语篇等内容。但是这些知识不能一股脑儿地都教给学生，因为学生的汉语水平、学习目的、学习需求等有很大差异，比如初级水平的学生，学习语篇就有些困难，因为他们所掌握的字词、语法知识的数量和质量还不足以使他们把句子连成篇章，进行成段表达；再比如短期学习的学生，他们的学习时间短（两周到半年不等），如果安排他们系统地学习语法知识和汉字知识，恐怕也不是他们的本意。因此，关于语言知识的教学，

1　王钟华（1999），《对外汉语教学初级阶段课程规范》，北京语言大学出版社。
2　陈田顺（1999），《对外汉语教学中高级阶段课程规范》，北京语言大学出版社。
3　国家汉办（2008），《国际汉语教学通用课程大纲》，外语教学与研究出版社。

我们要根据学生的特点和需求有针对性地、有计划地选择和设计。"大纲"已经对语言知识的各项内容进行了分级描述，教学中可据此进行逐级设计。

但是不管怎么说，综合课教学中的语言知识教学与语言要素中的各语言知识教学是不同的，它不是单一的语音、汉字、词汇、语法等内容的教学，而是在培养学生语言综合运用能力的大框架下来考虑各语言知识的教学，是把各语言知识作为一个相互联系的整体来考虑的，是在每一综合课具体课文中的语音、汉字、词汇、语法等方面内容的教学，它既具有语言要素教学中各语言知识教学的相对独立性，还具有在综合课教学中各要素之间相互配合的联系性，是综合中的语言要素教学。

二、语言技能的综合

汉语教学仅仅教授学习者语言知识是不够的，还要教授将这些知识转化为"产出式"的技能，即将语言知识转化为听、说、读、写等言语技能和言语交际技能。因此，语言教学除了向学生传授知识外，还要训练学生的言语技能，培养学生的交际能力。"大纲"把语言技能分为两部分：一是综合技能，二是听、说、读、写分项技能。

综合课教学中的技能教学与听力课、口语课、阅读课、写作课中的单项技能教学不同，它是在综合课中进行听、说、读、写综合训练，培养学生的语言综合运用能力，因此综合课的教学内容也包括语言技能的综合。

三、语言素养的综合

从学习者自身发展的角度来看，学习一种新的语言仅仅掌握该种语言的知识和技能是不够的，更重要的是激发学习者对所学语言的兴趣和信心，提高学习效率。"大纲"也明确指出，"国际汉语教学课程的总目标是，使学习者在学习汉语语言知识与技能的同时，进一步强化学习目的，培养自主学习与合作学习的能力，形成有效的学习策略，最终具备语言综合运用能力"。"大纲"进一步指出，"语言综合运用能力由语言知识、语言技能、策略、文化意识四方面内容组成。其中语言知识和语言技能是语言综合运用能力的基础；策略是提高效率、促进学习者自主学习和发展自我能力的重要条件；文化意识则是培养学习者具备国际视野和多元文化意识，更得体地运用语言的必备元素"。

从上面的论述中，我们不难看出，综合技能教学除了包含语言要素教学和语言技能教学外，还要注重培养学习者的语言综合素养，包括学习者的学习策略、情感策略、交际策略，文化素养、跨文化意识和文化视野等。

四、教学方法的综合

综合技能教学要教这么多的内容，完成这么多的任务，需要用多种教学方法和手段来完成，任何单一的、孤立的方法和手段都不能满足综合课课型的需要，它需要多种方法共同作用，才能完成教学任务。比如语言知识教学要以讲授为主，语言技能教学要以训练为主，语言综合素养教学要以感染、影响、陶冶为主，语言学习策略要通过引导来培养，但是不管哪种方法，核心是要"以学生为中心"，要综合运用各种有效的教学方法，培养学生综合运用汉语进行交际的能力。

第 ② 节　对"交际能力"的认识

综合技能教学无论怎样"综合"，它的最终目的是培养学生运用汉语进行交际的能力。这里的"交际能力"是指学生在用目的语进行交际时言语输出准确、流利、得体，并能自如地发表自己的观点和看法。但是在教学中如何才能有效培养"交际能力"，我们首先要对"交际能力"有一个明确的认识。

一、关于"交际能力"[1]

"交际能力"一词最早是由海姆斯（1972）提出来的，海姆斯认为交际能力应该包括四个方面的内容：①可能性（possibility），②可行性（feasibility），③合适性（appropriateness），④表现性（performance）。从海姆斯对"交际能力"的认识来看，其"交际能力"包括了语言知识和使用语言知识的技能、技巧两部分，而后者即语言的使用能力更是海姆斯所关心的。

"交际能力"的概念提出后，许多语言学家和语言教学家也都阐述了自己的看法。卡纳尔和斯温（1980，1983）认为，"交际能力"应该包括四个方面的能力：①语法能力（grammatical competence），②社交能力（sociolinguistic competence），③语言策略能力（strategic competence），④话语能力（discourse competence）。从卡纳尔和斯温对"交际能力"的认识来看，其"交际能力"既包括了语言能力，也包括了语言的使用能力。

我国语言学家于根元（1999）指出，语言的根本属性在于其交际性，交际本身是一个运用的过程，是一个动态的过程。人们应该在动态的交际中教学语言。在交际中教学语言，在使用中教学语言，已经在我国外语教学界得到了广泛的重视和认同。

在对外汉语教学界，吕必松先生（1996）认为，对外汉语"交际能力"主要由五个方面的因素构成，即语言要素、语用规则、有关的文化知识、言语技能和言语交际技能；范开泰先生（1992）也明确提出了"汉语交际能力"包括三个方面的内容：①汉语语言系统能力，②汉语得体表达能力，③汉语文化适应能力。

综合上面的研究，我们认为：（1）"交际能力"是一个"相对的、动态的、具体的"的概念，它是一个具体的动态发展过程；（2）"交际能力"是由多种要素构成的；（3）"交际能力"是可以定级的，教学中要一步一步逐级完成，直至达到最高目标。

二、对外汉语教学中"交际能力"的构成与层级

（一）"交际能力"的构成

在对外汉语教学中，"交际能力"是由哪些要素构成的呢？首先，我们认

1　参见姜丽萍（2007），关于构建"以培养交际能力为目标"的对外汉语教学框架的思考，《汉语学习》第1期。

为"语言能力"是"交际能力"的基础，是进行语言交际的前提和条件。因此在"交际能力"的构成要素中，"语言能力"应处于基础的领先地位；其次，语用能力也是交际能力不可或缺的组成部分。正如海姆斯所言，一个人获得交际能力，那就是说他不但获得了关于语言规则的知识，而且具有在社会交往中恰当地使用语言的能力。另外，语用能力的训练也应该调动语言策略能力的参与，因此策略能力也应该包含在语用能力范围内。最后，我们认为"交际能力"的培养不是简单的"语言能力"加上"语用能力"，而是在自然语言环境中自如、得体地表达自己的思想和观点，抒发自己情感的一种综合能力的体现，因此在教学中也要训练学生的语言综合能力。

综上所述，我们认为对外汉语教学中的"交际能力"应该由语言能力、语用能力、综合能力组成。用图表示如下：

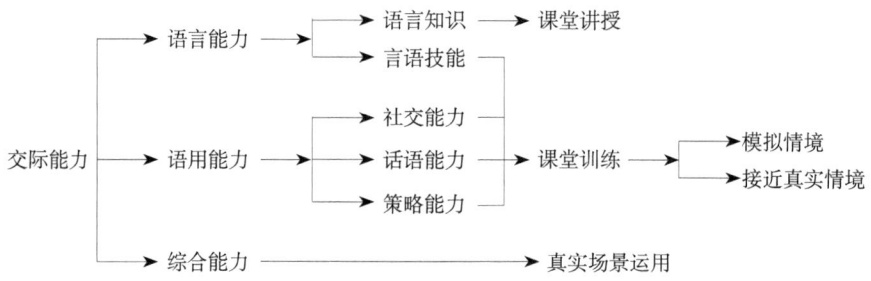

（二）"交际能力"的层级

"交际能力"是动态的，具有层级性。但是，在教学中"交际能力"的层级应该怎样划分呢？多年来，我国外语教学界一直遵循"先准确、后流畅"的教学原则。我们认为在对外汉语教学中，也应该把语言的准确性作为言语训练的第一个层级，语言的流利性作为言语训练的第二个层级，这也符合语言学习从知识入手，由知识转化为能力的过程。但是在实际的语言使用中，光有准确和流利是不够的，交际还要得体、恰当，教学中还要训练学生根据不同的语境恰当表达自己思想的能力，因此语言的得体性是言语训练的第三个层级。虽然从准确性、流利性到得体性，学生越来越接近真实的交际，但是由于受课堂教学的时空限制，学生学的是相同的句式和词语，在交际中难免单一和雷同，体现不出语言的丰富性和个性化，因此我们要打破课堂教学的时空限制，训练学生到真实的社会交际情境中发挥自己的创造性，说出符合自己个性的语言来。只有达到个性化和创造性，才能真正形成"交际能力"。因此语言的创造性是言语训练的第四个层级。

从上面的分析来看，"交际能力"从横向上看是由多种能力要素构成的，从纵向上看是具有层级性的。即横向上由语言知识、言语技能、语用能力、综合能力构成，纵向上由准确性、流利性、得体性、创造性构成，它们纵横相互交叉，线性向前推进。

三、"交际能力"在综合课教学中的实施

（一）帮助学生建立合理的汉语知识体系，保证言语输出的准确性（一级）

学习一门新的语言一般从这门语言的知识入手。对于初级阶段的外国留学生来说，汉语是一门新的语言，汉语知识在他们的大脑中还是一块白板，如何帮助学生建立合理的、条理清楚的汉语知识体系是教师有效教学的第一步。

（二）帮助学生尽快把语言知识转化为言语技能，并使言语技能达到自动化，保证言语输出的流利性（二级）

（三）教学过程情境化，保证言语输出的得体性（二级）

言语技能达到自动化以后，保证了言语输出的快速、准确，但是也可能导致在交际中不分场合过度使用某些句式，而使交际变得僵硬、教条，因此当学生的言语技能达到自动化以后，就必须转入得体性的训练。那么，教学中我们如何实施呢？一是模拟情境；二是创设接近真实的情境；三是创设真实情境。

（四）课后作业任务化，保证言语输出的个性化、创造性（四级）

这种能力的训练应该在课外进行，但这并不是放任自流，而是根据所学的内容有目的、有计划地进行，是一个逐步完善的过程。它布置于课堂，实践于课外，汇报、归纳于课堂。

第 ③ 节　综合课技能教学的教学目标

....

"教学目标是指教学活动主体预先确定的、在具体教学活动中所要达到的、利用现代技术手段可以测度的教学结果。它表现为对学生学习结果及终结行为的具体描述，或对学生在教学活动结束时其知识技能等方面所取得变化的说明。"[1] 教学目标的编写直接反映出教师对教材的理解、对学生情况的判断以及对教学过程的构思。

一、对外汉语教学目标编写中存在的问题 [2]

（一）教学目的、教学目标、教学重点、难点概念混淆

我们阅读了一些教师公开发表的教案，发现有些教师在教学目标一栏概念混淆，有的写成教学目的，有的写成教学目标，还有的写成教学任务、教学重点、难点等，其实在教育学领域，这些概念是不同的。

教学目的是教学的方向、目标，具有一定的指令性和相对的稳定性，它往往用比较概括的术语来表达。教学目标是课堂上可操作的具体的课时目标。而教学的重点和难点，是在确定教学目标以后，再针对该课的教学内容确定的，它是目标中的重点和难点。教学重点和难点代替不了教学目标。

（二）教学目标的陈述过于含混、抽象、笼统

有些教师常常以教师为中心，用较抽象、笼统的话语来表达课时教学目标。

1　田慧生、李如密（1999），《教学论》，河北教育出版社。
2　参见姜丽萍（2006），关于有效陈述对外汉语教学目标的思考，《云南师范大学学报》（对外汉语教学与研究版）第 4 期。

比如，在陈述教学目标时，经常会看到这样的描述：通过本课的学习，使学生的口语表达能力有一个切实的提高，等等。这种表述过于抽象、概括，没有表明具体的、可直接操作和检测的内容。教学目标是学习者通过教学活动应该表现出来的可见行为的具体、明确的表述，强调其可见性和测量性。相对来说，明确、具体的表述利于测量和评价。对于一篇课文来说，我们可以达到的往往是微观的、具体的教学目标，而不是宏观的、总体的教学目标。

（三）把教学目标作为教师要做的事，没有陈述期望学生发生什么样的变化

有些教案在陈述目标时，表明是教师的行为，是教师对学生的要求，而不是在教学活动结束后，学生所获得的学习结果和行为变化。教学目标不应是教师在这堂课上打算做什么、怎么做，而应是学生学习的预期结果是什么，学生经历一个学习过程后会做什么，知道怎么去做。

（四）教师对教学目标的编写缺少宏观的认识

任何特定的教学目标都不是孤立的，都应该成为一系列教学目标群中的有机组成部分，应该与其他教学目标之间具有纵向垂直的分层关联和横向水平的关联。可是有的教师在编写教学目标时只从一本书、一篇课文和课后练习出发来设置教学目标，没有从宏观上把握所要讲的课程、单元和课文，使教学目标的设置凌乱、重复，无系统性。

（五）教学目标内容单一，没有等级之分

教学目标内容单一是指设置的教学目标本身涵盖的领域不全面。我们在教学目标设计中只考虑认知领域的部分目标，如通过本课的学习学生应掌握哪些知识、技能，没有从情感领域、动作技能领域设置目标，如通过本课的学习让学生喜欢什么，热爱什么，体验到什么。教学目标设计的另一个问题是同一目标领域之内无等级之分，没有考虑学生个体的差异性。例如"逐步提高学生运用不同的阅读方法真正理解阅读材料的能力"这一目标怎样达到，要有具体的可操作目标和达到这一目标的子目标，如果没有，这一目标就形同虚设，起不到教学目标的导向功能和调控功能。

二、教学目标的分类

美国教育学家和心理学家本杰明·S·布鲁姆（1913）把教育目标分为认知、情感、动作技能三个领域，每一领域又划分出若干层次。根据布鲁姆等人的教学目标分类理论，结合对外汉语学科的特点，我们认为对外汉语综合技能教学目标应包含以下几种类型：

（1）认知领域：包括语言知识、语用规则、文化历史知识等的学习。

（2）技能领域：主要是听、说、读、写言语技能和言语交际技能。

（3）情感领域：主要是语言中所蕴含的文化知识、文化理解、文化意识、跨文化交际和国际视野等。

（4）策略：主要是学习策略、交际策略、情感策略等。

三、教学目标的编写

教学目标的陈述应该是具体的、外显的、可观察的、可测量的，即学习后学生能知道什么，能体验到什么，能做什么。根据行为主义教学理论，陈述具体教学目标时应包含以下几个因素：

（1）行为主体，即学习者；

（2）行为发生的条件；

（3）行为的结果，即学生学习后能做什么；

（4）行为合格的标准，即用预期学生学习之后将产生的行为变化来表述目标。

下面以《基础汉语40课》（上册）第十一课的会话"去商店买东西"为例编写教学目标。

认知领域

（1）学生能用课文中学的颜色词说出自己喜欢什么颜色的衬衣和鞋子。

（2）学生能准确区别量词"件、双、次"的用法，并能组成别的数量词组。

（3）通过语法点的学习，学生能用"要""'的'字结构""还是"完成课后练习，正确率为90%以上。

（4）学生能用课文中学过的句型、词汇、语法去商店买一个自己需要的东西，如，本子、书、水果等，第二天向全班汇报买东西的经过。

技能领域

（1）学生学完课文（全文约 265 个字）后能在 3 分半钟内朗读一遍，发音、声调基本正确，语调比较自然。

（2）复习时听写 3 个句子，共 45 个字，要求学生以平均每分钟 10 个字的速度听写，错字不超过 5 个。

（3）复习时口头回答问题或复述课文，语音正确，语法基本正确，语速不低于每分钟 90 个字。

策略

（1）三人一组，其中一人为教师，表演课文中买东西的过程。（参与）

（2）学生两人一组练习如何买到合适的衬衣或鞋子。（合作）

（3）学生互相评论哪一组买的衬衣或鞋子最好。（交流）

情感领域

（1）学生有去商店买东西的愿望，并把自己学到的知识用于询问价格、尺寸、选择商品等。

（2）学生想学更多的购物习惯，比如讨价还价等。

教学中我们发现，并不是所有的教学目标都能通过外显的行为进行具体的描述，有些心理过程也是教学目标所要阐述的，只强调行为的结果而忽视内在心理过程的变化，也不是真正意义上的学习。我们可以采取内外结合的陈述方法，即先用描述内部心理过程的术语来陈述一般教学目标，然后列举反映这一目标的例子以表述具体性目标，使内在心理变化可以观察和测量。例如，

教学目标：学完课文之后，学生能理解幸福是什么。

具体目标:（1）能结合课文说出 5 个"幸福并不是什么"的例子。

（2）能结合课文说出那位邻居的幸福是什么。

（3）能说出爷爷、爸爸和自己的幸福是什么。

教学目标是教师制订教学计划、选择教学媒体、评价和修改教学方案的依据，是教学设计的核心。有效的教学目标编写对教师来说能指引课堂的教学过程，减少或避免教学的盲目性，能了解学生的实际水平，不断调整教学的进程；对学生来说，能激发、引导和维持学生的学习热情。

第 ④ 节 综合课技能教学的教学原则

· ·

教学原则是人们根据一定的教学目的，遵循一定的教学规律，在总结教学经验的基础上制定的指导教学工作的规范性准则。虽然在不同的教学阶段所规定的教学目标、教学任务、教学内容是不同的，但是所遵循的教学原则基本是一致的。综合课技能教学主要遵循下列一些原则：

一、精讲多练原则

综合课是一门实践性很强的课。学生在综合课上学习汉语不仅仅是为了掌握汉语知识，更重要的是为了把这些知识运用于实际交际，为了能在生活实际中运用。语言的运用离不开实践，实践体现在综合课课堂教学中就是"精讲多练，以练为主"。

（一）什么是"精讲多练"

"精讲"就是少而精。汉语知识（如语音、词汇、语法）的讲解注意深入浅出，以让学生理解和明白为主，不要定义性的讲解，也不要过多的语法术语，更不要面面俱到。考虑到学生的阶段性特点，初级阶段的讲解，语言要通俗易懂，注意形象直观、简单明了，注重启发式讲解。要防止两种倾向，一是大讲特讲，二是不讲。

"多练"就是学生操练的时间要大大多于教师"讲"的时间。讲练比例最好控制在 3：7 左右。我们这里所说的多练，不是练得越多越好，而是在单位时间里有效的练习，是在理解基础上的练习。练习中要注意学生的参与性和创造性。在练习中加强理解，在练习中加强记忆。

（二）如何进行"精讲多练"

1. 精讲

"精讲"应该包括两个方面的含义：一是指内容方面，所讲的内容必须经过精挑细选，应是教学中的重点和难点；二是指方法，教师要用最少的语言、最简单的方法把该讲的内容讲深、讲透、讲明白。那么具体在教学中怎么精讲呢？（1）准确、简明；（2）深入浅出；（3）有针对性；（4）有启发性；（5）充分利用现代化教学手段。总之，教师在教学中要时刻提醒自己：我是不是讲多了，是不是以我为中心了，我是不是代替学生做了他们应该做的事情，等等。

2. 多练

"多练"在教学中是比较容易贯彻的，但是怎么练才能有效，还是值得研究的。经过多年的教学实践，我们认为，在操练和练习的方式上要注意以下几点：（1）从易到难，从简单到复杂；（2）从"死"到"活"；（3）突出重点、难点；（4）讲求实效；（5）控制课堂节奏，有张有弛。另外，除了课堂练习以外，还有必要让学生参与大量课外实践，把课上和课下结合起来。比如，布置一些课下任务，让学生去完成；开设汉语角、节目表演、文化讲座等。另外，还可以组织学生参观、旅游、看电影、看表演等，让学生接触社会，在社会实践中学习和运用语言。

二、听、说、读、写综合训练、阶段侧重原则

前文提到，综合课是语言技能的综合训练，也就是在课堂上要进行听、说、读、写的技能的综合训练。但是由于各个阶段的教学目标和内容不同，我们也强调阶段侧重。

（一）初级阶段听、说、读、写全面要求，突出听、说

"听说法"教学理论认为，语言是第一位的，文字是第二位的。语言首先是有声语言，文字只是记录语言的符号。学习语言应先从有声语言入手，而从有声语言入手，就要从听说入手，突出听说。另外，突出听说也符合成人学习语言的心理，即通过"听说"教学，学生能很快达到用目的语交际的水平。但是强调"听说"，并不是忽视"读写"，而是"读写跟上"，因为听、说、读、写是相辅相成的，"听说"可以带动"读写"，同样，"读写"可以促进"听说"。

（二）中级阶段听、说、读、写并重

在中级阶段听、说、读、写要互为依存，综合提高。学生通过"读"的方式获得语言材料，在"听说"中讲练，并贯穿"读写"，最后通过课下练习，主要是"写"，巩固课上所获得的知识和技能。

（三）高级阶段侧重理解（读）和表达（写）

高级阶段综合课除了进行听、说、读、写技能的综合训练以外，还要考虑到与其他课程的配合需要，教学重点应体现在阅读理解和口语、书面语表达上。

三、教学过程交际化原则

学生学习汉语的目的是当他们走出课堂时，能在社会中运用课堂所学的知识和技能进行交际，课堂教学不能停留在讲解和操练的层面上，必须给学生提供情境让学生用，在用的过程中培养学生的交际能力。因此我们在教学过程的各个环节都要以组织学生进行交际为准则，让学生学会在真实或接近真实的语境中正确运用所学的语言知识和技能，做到课堂教学交际化。在课堂上主要采用以下三种形式：

（一）模拟情境

最常见的是围绕课文或所学的内容进行模拟情境练习。模拟情境不同于语言知识和技能的学习，它是在掌握了课文的一些基本知识和技能以后根据教师布置的情境而进行的"表演"，这种练习有助于学生把所学的内容以脱离书本的形式进行背诵。实际上学生是在角色的假想状态下进行练习，既培养了学生的综合能力，又培养了学生的角色体验能力和情境适应能力。

（二）创设接近真实的情境

培养交际能力很重要的一个原则是强调语言的真实，尽管在课堂上我们很难做到完全真实，但是教师可以创设一些接近真实的情境，让学生在一种"身临其境"的状态下进行交际练习。这种练习是半限定性的，即交际双方是有信息差的。这种练习可以挖掘学生的已有资源，并在新的情境中创造性地生成新的句子。

（三）利用真实情境

真实语境很难在教室里创设，因此我们主张走出去，充分利用社会的真实语境。

总之，交际性原则要求教师在课上尽量创设贴近学生生活实际的情境，让学生有话可说，说的内容与社会实际的交际非常接近；另外教师要活学活用教材，不必拘泥于教材。

四、学生中心原则

学习，是学生的学习，教师不能包办代替。在教学中，教师要始终把学生放在首位，要调动学生的积极性、主动性，要挖掘学生的潜力，因此我们主张教师为主导，学生为主体，要以学生为中心。教师在课堂上是教学的组织者、引导者，作用是使学生参与到教学中来，成为教学的真正主人，为此教师要认识到：

（一）学生是教学过程的主要参与者

教师组织任何教学活动，都是为了让学生参与，离开了学生，教学活动也就不复存在了。教学中教师要从学生的特点和需要出发，制订教学计划，确定教学重点，选择教学方法，目的是引起学生学习汉语的兴趣，使每个学生都参与到教学中来，在参与中、实践中获得语言综合运用的能力。

（二）学生学习具有自觉性和能动性

每个学生都有学好汉语的心向，在这种心向的驱使下，学生都会自觉努力地学习。另外，学生的学习潜能是很大的，教师的作用不是牵着学生的鼻子走，而是从学生的特点出发，创造各种条件诱发学生的内在动机和学习欲望，使学生创造性地获取知识和能力。

（三）学生的主体作用要体现在"主"上

学生是学习的主人、课堂的主人、时间的主人。教师要不断听取学生的反馈意见，要多做调查研究，要在整合学生意见的基础上有针对性地进行教学，使每个学生都有所提高，都有所收获。

我们说的以学生为中心，不是放任学生，而是在教师主导下有目的、有计划地培养学生。提出这一原则的初衷是谨防教师在课上说的多，代替学生的多，师道尊严多，学生处于被动局面。

五、与文化教学相结合原则

语言具有丰富的文化内涵，语言学习与文化是密不可分的，在任何一种语言教学中，文化教学都贯穿于语言教学的始终。对外汉语教学承担着汉语教学与文化传播的重任，加之中华文化的博大精深，因此在教学中，我们必须重视文化的因素。在初级汉语综合课教学中，我们不仅要强调语言本身，更要重视语言的文化属性，使汉语课堂处处体现中华文化特色，使语言学习能融入到真实的文化背景中去，从而帮助学习者尽快说出地道的汉语。那么，在课堂上如何将文化因素融入初级汉语综合课教学中呢？

（一）文化因素服务于语言教学

虽然汉语教学中应该重视文化因素的教学，但是，汉语教学的核心任务仍然是进行语言教学，不能以文化代替语言，文化教学应该限定在语言教学的度里，课堂中的文化因素更不能喧宾夺主。具体体现在文化因素的设置应该围绕具体的课文设计，教师可以挖掘语言本身蕴涵的文化点滴，将文化内容融入到语言教学中，而不过分追求文化教学的知识性和系统性。

比如我们在讲授汉语中"百以上称数法"时，可以首先给学生布置采访作业，即学生可以去采访中国人或上网搜索关于中国的大数字，如"北京奥运会有多少个国家参加""长城有多长""故宫有多少个房间""中国有多少人口"等。这样既增加了学生学习和表达的兴趣，又无形中传播了中国文化。

（二）文化教学要分层次

初级汉语综合课本身的特点，决定了文化教学介绍的文化是中国文化内涵中的点滴，因此，在教学过程中，我们应该注重由浅入深、由表及里、边学习边总结，最后归纳出更为具体、系统的文化特点。

根据国家汉办 2008 年公布的《国际汉语教学通用课程大纲》对文化的阐释，在教学中我们把文化教学分为以下四个层次：

1. 文化理解

通过教师讲解的方式使学生了解中国文化知识的内涵，其目的是知道、懂了就可以了。比如，中国人打招呼，教师通过讲解告诉学生中国人见面问"你去哪儿""吃了吗"并不是真正意义上的问问题，只是见面时的问候和打招呼，不一定要回答。再比如，老年人见到年轻人可以问"你多大了""有对象吗""结婚了吗"，告诉学生不要奇怪，这是中国人的习俗。

2. 文化掌握

随着学习者汉语水平的提升与他们接触到的人和事物的增多，我们可以根据不同的交际场景和交际功能，为学习者补充更为中国化的用法，学生也能通过接触、学习、体验在新的情境中理解中国文化。比如学生能根据情境进一步掌握看见别人做什么就问什么——"学习呢""看书呢""出去呀"，房间布置更多的中国元素，起一个中国人的名字等等。

3. 跨文化交际

这是文化学习的一个飞跃，是学习者能自觉运用的一个阶段。通过了解和掌握，学习者对中国文化内容有一定的认同感，通过与目的语环境和人物的接触与交流，在交际中能运用中国的风俗礼仪、称谓、历史典故等。如果说文化理解、文化掌握主要以输入为主，那么跨文化交际则以输出为主，学习者会跨越文化的障碍，接纳目的语国的文化，并在交际中自觉使用。比如，他见到中国人，也会说"吃了吗""你去哪儿""这是我爱人"、会讨价还价等等。

4. 国际视野

学生能对目的语文化有一种认同和包容的心理，能站在国际视野的高度求大同存小异，能自觉地把目的语文化纳入自己的交际交流中，成为自己语言交际的自觉。

（三）文化教学要重比较

在目的语环境中，由于初级汉语综合课的课堂上，学生都是由具有不同文化背景的人员组成，因此在文化教学过程中，我们不仅要比较中国文化与学习者本国文化的差别，还要引导学生比较不同国家之间文化的差异。比如在谈论天气和季节的时候，教师介绍说中国人比较喜欢秋天，因为秋天秋高气爽，也是收获的季节。学生可以首先比较自己的国家与中国的差异，然后分小组讨论各自国家之间的差异。这样做不仅增强了学习者表达的迫切性，而且大大提高了他们的学习兴趣，也融洽了课堂气氛。

总之，在初级汉语综合课的课堂上融入文化因素，应该注重由浅入深地引导，让学习者在比较中发现、体会中国文化特色，并且反过来能在不同的场合、不同的文化背景下正确使用汉语表达自己的思想和情感。

第 ⑤ 节　综合课的教学过程

综合课教学从教学内容上来划分包括语音、汉字、生词、语法、课文、练习等项内容；从训练的技能来划分包括听、说、读、写等技能的训练，这里的"听"不仅仅指语音阶段的教学，"写"也不仅仅指汉字的基础教学，而是指"听"和"写"贯穿始终的训练。在初级汉语教学中，语音教学和汉字教学主要集中在综合课的初期阶段，比如，语音教学主要用 2～4 周的 20～40 学时进行集中教学，然后就转入句型或对话教学阶段；汉字教学要么随课文进行教学，也主要集中在前 4 周左右进行，要么单独设课，不在综合课课型里，并且这两种教学内容有它独特的教学方法（本书将单独论述）。因此，这里的综合课教学只包括生词、语法、课文、练习等，本节重点探讨句型（语法）阶段综合课的教学过程。

一、教学步骤

根据多年的教学实践和对北京语言大学优秀教学录像等的分析、归纳，我们认为综合课教学主要包括以下步骤和环节：

复习

生词

语法

课文

活动

练习

用图表示如下：

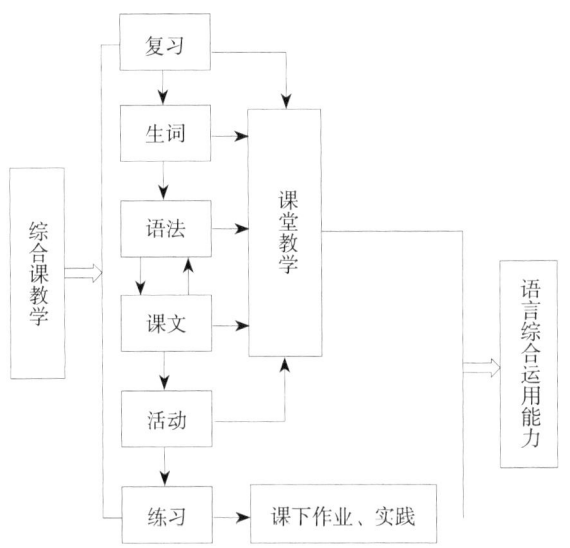

但是，教学也应该根据教和学的实际情况具体问题具体分析，在遵循基本教学程序的基础上，我们可以灵活调整一些教学环节的顺序，也可以不断引入新的教学方法和手段，增加学习者的学习兴趣，增强课堂的趣味性和实效性。

（一）复习环节

复习环节是指检查学生对已学过内容的掌握情况，同时也可以引起学生的注意，还可以督促学生课下认真地复习。现代认知心理学认为，学习者已经知道的东西和已有的经验是影响学习的重要因素之一。教师通过复习环节了解学生对已有知识掌握的稳定性和准确性，这是进一步学习的基石。

复习一般在新课之前进行，大概 10 ~ 20 分钟不等，复习常用的方法有：

1. 通过问答复习

2. 通过听写复习

3. 通过朗读复习

4. 通过任务汇报复习

（二）学习新课

学习新课是一课的教学重点，综合课的新课内容包括生词、语法、课文等。在处理新课时，有些教师按照教材的顺序按部就班地从生词一直讲到课文，再到练习等，教学过程生硬、机械，教师累，学生也累。

有效的教学应该把学习新课的过程看作是一个浑然一体的过程，明线是教师按照生词、语法、课文、活动、练习的顺序在进行，暗线却是以课文为材料，将生词、语法的教学完全融入到课文讲练中进行，整个教学过程紧紧围绕课文内容展开，通过不断地复习、以旧代新、跳出课文、回到课文、再进一步运用等环节，结合相应的教学手段，将所有语言要素和语言技能训练在课文讲练中完成。这种方法要求学生在课前对课文内容进行充分的预习，也要求教师布置一定的任务型作业引导学生预习，收到的效果非常好。

（三）布置作业

作业是课堂教学的延续，它是把教师在课堂上教授给学生的知识和培养学生的能力变成有形的；同时也是对学生课堂学习成果的检验，对课堂所学知识的巩固复习。由此可见，作业对教师更科学地进行教学活动和对学生及时掌握知识、培养能力都至关重要。教师在设计和布置作业时，要使作业具有选择性、层级性、迁移性、多样性，作业的形式包括笔头作业、口头作业和任务型作业。

二、教学案例

下面是北京语言大学汉语速成学院教师郑家平的教学过程实录：

第二课　我特别喜欢夏天

一、组织教学（2分钟）

师生问候，询问学生最近的天气情况和自己的身体情况，为引入新课做铺垫。

二、复习及引入（8分钟）

1.你觉得最近北京的天气怎么样？

2.你们国家的季节怎么样？

3.说说最近你们身体怎么样？

4.引入课文：

（1）中国一年有四个季节，你最喜欢什么季节？（引入话题）

（2）金汉成是韩国人，你猜猜他最喜欢什么季节？（引入课文）

三、生词（20分钟）

1.读生词

2.重点生词扩展及讲练

　　比如：散步：[扩展] 一个人～ / 在公园～

　　　　　　[师生互动] 你常常一个人～吗？你常常在哪儿～？

　　　　　　晚上10：00了，你看见朋友一个人在学校里散步，

　　　　　　你问他什么？

　　　　　　目标句型：你怎么一个人在这儿散步？

3.复习总结生词

四、语法（20分钟）：主谓谓语句（主题评论句）

1.语法引入

教师指着图片提问：他脸色好吗？

　　　　　目标句型：他脸色不好。

　　　　　教师提问：你觉得他身体怎么样？

　　　　　目标句型：他身体不太舒服。

2.语法展示：Topic　＋　Comment

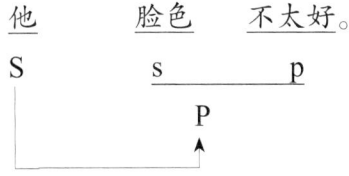

3.语法操练：

看图片快说句子，要求学生用主谓谓语句"S+（s+ 怎么样）"。

目标句型：

（1）（T：她脸色怎么样？）她脸色很好。

（2）（T：她脸色怎么样？）她脸色不太好。/（T：她身体怎么样？）

　　她身体不舒服。

（3）（T：这件衣服颜色怎么样？）这件衣服颜色很漂亮。

（4）（T：姚明个子怎么样？）他个子很高。

（5）(T：这个地方交通好不好？)这个地方交通很不好。

4.语法功能：描述或介绍

（1）描述一个人

[教师提问]皮大龙个子高吗？/他眼睛/头发/牙齿怎么样？

（2）介绍一个东西

[教师提问]你喜欢这种车吗？为什么？样子/质量/牌子/颜色/价钱

（3）描述一个地方：介绍北京

[教师提问]北京人多吗？北京天气怎么样？

5. 做中学：分组活动，直接引导学生说

将全班学生分为三组，分别给他们人物、物品、地方的图片，学生可以任意选择一种进行描述。两个人一组，完成这项任务。教师找若干名同学做代表进行展示。

五、讲练课文（45分钟）

1.导入

教师介绍背景：夏天，晚上9:00，在学校里，王才看见韩国学生金汉城一个人在散步，他脸色不太好。

2.处理课文及讲练语言点

（1）教师领读课文并就课文内容提问。

（2）学生听录音，默念课文[PPT]，回答简单问题。

3. 教师领读课文

4.学生分角色读课文

5.学生看提示词和图片说课文

6.学生看图片介绍课文内容

7.交际练习

8.总结课文

（1）看图片，表演课文。（根据时间定）

（2）看图片和文字提示，叙述课文。（红色为关键词）

六、总结及布置作业（5分钟）

1.总结（3分钟）

2.布置作业（2分钟）

第 ⑥ 节　备课与教案

教学是一种有目的、有计划、有组织的活动，为了使教学活动顺利进行，并达到预期的教学效果，在进行教学活动之前，教师要进行必要的准备，要进行备课。"备课是整个教学过程的总策划和总设计"（吴永军，2004），是上好课的前提。教师在课前备课既可以减少教学中的不确定感，找到一种方向感、自信心和安全感，还可以减少教学的盲目性和随意性，使教学顺利、有效地完成。传统教学在备课中离不开三要素，即备学生、备教材、备方法。随着教育教学理念的发展和教学技术的更新，不但传统备课的三要素被赋予了新的含义，还增加了备课的新思路，备课还要备手段、备思路、备环境等，最后这些内容都要落实在教案上。

一、备学生

（一）了解班级人数

班级人数决定教师的上课方式和对一些教学内容的数量分配。目前在北京的大部分高校一个班的留学生人数在 10 ～ 25 人不等。人数少，有利于学生参与，人数多，学生说和练的机会相对少些，但是只要教师设计合理，还是可以达到最佳教学效果的。

以什么方式进行教学，教师要根据课文容量、难易度、课文文体等来确定，但是更要照顾到每个学生，如果以传统的教师讲学生听的方法，就不能照顾到每个学生。目前大家比较认同的方法是，教师以小组为单位进行教学，学生三四个人一组，人数多的班级可分四五个组，教师要为每组设计活动的内容和步骤，使每个学生都参与到教学中来。

（二）了解学生的已有水平

备课时，教师要了解学生的汉语知识水平和能力，并在此基础上设计教学。只有了解了学生的汉语水平，教师才能确定采用哪些课堂用语、选择哪些词汇，以及讲解的语速和节奏等。教师可以通过分班测试、访谈、学生的背景资料等了解学生的汉语水平，比如是不是零起点，如果不是零起点，他们的水平如何，是什么水平，等等。

（三）了解学生的能力水平

1. 受教育程度

了解学生的受教育程度。比如，他们是高中生、大学生还是研究生？这类信息有助于了解他们曾有的教学体验以及他们对新的不同的教学方法的适应能力。

2. 听、说、读、写能力

学生学过多长时间的汉语，他们的听、说、读、写能力是否一致，如果不一致，哪方面的能力弱一些，水平如何？了解这些有助于教师确定教学重点和难点。

（四）了解学生的母语

了解学生的母语是为了更好地确定语音、词汇、语法方面的教学重点和难点，并选择相应的教学方法。比如，日本学生普遍发不好带 u 的音，教师要加强这方面的有针对性的训练；再比如欧美学生写字习惯于线性结构，而汉字是二维的结构，要训练学生写汉字的技巧等等。

二、备教材

教材是教师备课的依据，是教学的出发点，教师在备课时要对教材内容进行精选、加工和处理，也就是人们常说的"备教材"。

（一）分析教材

教师拿到教材以后要将教材翻看一遍，看看该教材在体例、逻辑结构、内容、主题、练习等方面具有哪些特点，做到心中有数。比如，教材是以结构为主还是以功能为主，抑或结构、功能、文化相结合；教材的语法点有多少，语法的先后顺序是怎样安排的；每课的生词是多少，一册书要学多少生词、多少汉字；练习的量大不大，以什么样的练习为主，要不要补充一些练习；有没有配套教材；教学进度如何，等等。教师要善于把教材相关内容联系起来，适时进行复现、练习和补充。

（二）处理教材

1. 更新教材的某些内容

对过时的、陈旧的教材内容和情境，教师要及时更新。比如，打电话还用分机，找人还用 BP 机，剪头还是五毛钱等，教师要根据当地的情况和学生的生活环境适当地更新一些内容。

2. 丰富教材

教材是死的，生活和现实是活的，教师要结合社会现实和生活，把教材搞活。具体做法：一是联系实际丰富教材内容；二是本土化，利用本地人文历史、资源等丰富教材内容。

3. 精选教材内容

教师除了对教材内容进行加工、更新、丰富外，还要精选教学内容，要有所侧重。精选的内容要能激发起学生学习的欲望，能引起他们的兴趣，满足他们对知识"懂"的需要，"会"的愿望，实现学习中的一种成就感，使他们看到自己的进步和提高，增强学好汉语的信心。另外，精选的内容要抓住基本知识和基本技能，是学生最需要掌握的，使学生认识到学好这些内容是学好汉语的基础和前提，因此，学生会自觉努力地学习。此外，精选内容要有利于学生迁移。

三、备方法

教学方法是为完成教学任务而采取的办法，它包括教师教的方法和学生学的方法，是教师引导学生掌握知识、技能，获得身心发展而共同活动的方法。教学中采用何种方法，是单用一种方法，还是几种方法交替使用，教师在备课时需要精心准备。

常言道"教学有法，教无定法"。每堂课采用固定的方法是不足取的，但是大体上还是应当有法（有规律可循）的，多年来，对外汉语教学在吸收各种教学法流派的基础上，结合对外汉语教学的实际，形成了独具特色的"综合教学法"。下面我们以初级汉语综合课的教学内容为例，简单阐释一下"综合教学法"的特点：

（一）词语教学主要采取扩展法

词语是综合课教学的基础，教学中我们主要采取扩展式的方法，扩展从所学的生词开始，要由少到多，由简单到复杂。通过词语的增加、语境的深入，从而更好地理解词义。扩展后重点句子要进行操练，在操练的过程中使要掌握的句子达到自动化。

比如：气温：~ 很低 / 高、最高 ~、最低 ~；今天的气温很低，是 -2℃；

其中"今天的气温很低，是 -2℃"是课文中的句子，也是重点句，要进行听说操练，使之达到自动化。

（二）语法教学注重情境和意义

从情境和意义入手，避免了语法形式和结构的抽象、艰涩。许多外国学生在学习汉语语法时，认为语法术语太难，语法结构记不住。为了避免这种情况，教师应该从语法的意义和功能入手，即在用的过程中理解语法，掌握语法规律，这种教学离不开认知法、交际法、任务型教学法以及归纳法等。

比如：讲语法点时，教师一般从导入开始，通过不自觉地运用使学生掌握该语法点，克服了语法难学的心理障碍，然后再通过操练巩固该语言点，并借此归纳总结，使学生达到顿悟，最后通过情境练习，达到得体地运用。

（三）课文教学主要采用复述、概括的方法

课文教学的方法很多，但是在基础阶段一般离不开复述课文，因为复述是培养学生语感、训练学生成段表达能力的重要方法之一。为了有效地进行复述，教学中常常采用借助图片和关键词的方法，这样可以调动学生的多种感官，利于学生掌握和运用。课文复述完后，教师可引导学生概括课文。概括是一种较高水平的加工，需要学生在理解的基础上进行，因此离不开认知法的运用。

（四）课堂活动注重交际性

为了培养学生的语言综合能力，教师要设计各种教学活动，比如分角色朗

读、表演、游戏、看图说话等，通过功能情境法培养学生的语言交际能力。

（五）课后作业注重任务性

学生在目的语环境学习要充分利用目的语环境，教师要结合课文内容布置一些与学生生活相关的任务，让学生去做，尽量使课下作业任务化，运用任务型教学法培养学生语言的实际运用能力。

总之，要根据具体内容和课型特点等，选择最适合的教学方法。教学方法不是越多越好，而是要有层次性和灵活性。不同方法体现不同的教学艺术，也会产生不同的教学效果，教师要根据各种需要选择最佳组合方法。

四、教案的编写

教案也称课时计划，是以课时为单位设计的具体教学方案。教案是上课的重要依据，如何编写教案是一个比较复杂的工作，它是教师教育思想、教育理论水平、业务素质和教学经验等的综合体现。一堂课要教多少内容，教师要根据大纲的要求、学生的需求和教学的进度合理安排，要根据学生的接受能力，稳扎稳打，一步一个脚印。根据教学设计的一般模式和对外汉语教学实际，我们认为在教案编写过程中要重点考虑下面一些因素。

（一）教学目标

教学目标是课程的出发点和归宿，它起着指导教学过程和检验教学成果的作用。教师在设定教学目标时，要考虑大纲、教材、教学进度以及学习者的需求，教学目标的描述要具体、有层次和可操作，比如，根据速成学习者短期、速成、强化的特点，我们认为，经过零起点综合课的学习，学习者的汉语交际水平应能达到下列四项目标：

1. 在完成任务和语言功能方面，能够就简单的问题进行问答；有开始一段简单对话并延续对话、结束对话的能力；语言开始具备一定创造性，对记忆性的词、短语和单句的依赖性减弱；

2. 在情景和话题方面，可以表述一般的、非正式的话题，尤其是比较熟悉的日常生活话题；

3. 在正确性方面，当学习者用汉语跟中文母语者交谈时，借助一定的策略，双方交际不存在礼节性的障碍；

4. 学习者话语的代表性语言结构，是具有一定连贯性的句子，但是尚缺乏段落性。

在设计每一课的时候，总体的教学目标可以分解为若干个分项的目标。比如认知目标、功能及任务目标和技能目标三项。认知目标主要从语言知识、语言要素的角度界定教学内容；（2）功能及任务目标对本课的主要交际功能和任务进行界定；（3）技能目标主要从口头输出和写作输出两方面进行界定。对这些目标在具体操作过程中还需要进一步细化，如要求学习者能够灵活运用本课所学语言材料进行交际等。

（二）重点、难点

一堂课的时间有限，所学的内容有很多，不能平均使用力量，要突出重点、难点。教师要根据学生的实际情况和教学内容的难易程度，突出重点和难点。教学设计的各个环节都要围绕重点、难点展开，不要面面俱到。

（三）教学环节

教学环节要科学、合理，要一环扣一环，使学生在最近发展区一步一步向上攀升，最后达到教学目标。

（四）时间安排

课堂教学活动总是在一定的时间内进行，教学时间是影响教学活动的一个重要因素，控制和改变教学时间在一定程度上也意味着控制和改变教学活动。因此，在教学实践中，了解和研究教学时间，并根据教学需要对时间进行合理的分配和控制，是教学设计的一项重要内容。

（五）课后小结

课后小结也叫"课堂后记"，是课堂教学不可缺少的一个环节。每次课后，对教学过程进行反思，并把教学感受经过提炼以后记于教案后面非常必要。教师通过这个环节，既能反思探索延伸知识，把实践经验理论化，又能对教学不足进行及时"诊断"，以利今后矫正，提高教育教学水平。

附：教案[1]

一、教学目标

1. 认知目标：

（1）语法方面，学生能够正确使用一百以上的称数法；

（2）语言点方面，掌握"……有多 +adj，不到 +num+M"等用法；

（3）汉字方面，能够正确用汉字书写本课重点词语及百以上的数字，区分一些形近字。

2. 功能目标及任务目标：谈论某项运动技能

3. 技能目标：

能够通过对话形式谈论某项技能，并能用简短陈述形式介绍自己的运动技能。

二、教学内容

1. 生词：重点生词：月、宽、秒、游、对面、米、成绩

2. 语法点：（1）……有多 +adj ？

　　　　　　（2）……不到 +num+M

3. 重点句型及语言点：

（1）S+ 有 + 多 +adj ？（多宽 / 多长 / 多远 / 多大 /……）

（2）S+ 不到 +num+M。

4. 课文与功能

谈论日期、活动安排及某项技能

三、教学工具

多媒体课件、板书

四、课时安排

共 2 个学时，100 分钟

五、教学环节：

（一）组织教学（2 分钟）

　　　　师生问候，询问天气及身体状况。

（二）复习及提升（8 分钟）

1. 复习生词

（1）认读生词：散步、脸色、晴转阴、雨 / 雪、气温、父亲、生意

1　北京语言大学教师郑家平的教案。

（2）[师生互动] 教师就上述生词提简单问题，帮助学生复习。

　　　○你喜欢一个人散步吗？

　　　○（图片）他脸色怎么样？

　　　○（图片）天气预报说，今天天气晴转阴，有小雪。

　　　○（图片）他父亲做什么生意？

（3）[生生互动] 学生看图并用上述生词说句子。

　2. 复习语法

（1）主谓谓语句（引导学生看图说句子）

　　　○姚明脸色不太好。

　　　○这家超市生意很好。

　　　○沙漠气温很高。

　　　○北极气温很低。

（2）……吧？（教师做动作，学生根据动作及提示词说句子）

　　　○你没睡好觉吧？

　　　○你身体不太好吧？

（3）要是……就好了！（教师说上句，学生完成句子）

　　　○我渴死了，……

　　　○我想去旅行，可是没有时间，……

　3. 检查作业

通过检查，引导学生复习上一课内容，并引入本课内容，同时引出相关文化。

（1）Presentation：你最喜欢什么季节？为什么？

（2）（图片）中国人喜欢饭后散步，"饭后百步走，活到九十九"，意思是饭后散步，可以健康长寿。[不要求学生掌握，仅作为提升兴趣之用。]

（三）总结课文（一）（5分钟）

1. 学生读课文，然后看关键词回答教师问题。

2. 学生看简单关键词和图片复述课文。

3. 学生看图片复述课文。

（四）学习生词（15分钟）

1. 读生词

要求学生能够熟练并发音基本正确地朗读生词，最后达到见字知音知意。要求：教师领读一遍——学生个别读，同时教师纠音正调——学生齐读，教师指导发音难点。

2. 重点生词扩展及讲练

主要通过师生问答及生生问答方式引导学生正确使用目标词语，教师带领学生熟悉、掌握这些词语的搭配及使用环境，引入课文中的句子，为课文学习做好铺垫。

（1）月

[师生互动] 一个月 / 我们在北京学习……个月。

这个月 / 这个月是几月？

上个月 / 下个月？

你的生日是几月？

今天几月几号？——今天 11 月 26 号，星期三。

（2）宽（图片）/ 对面

[师生互动] 这条路很宽。

这条河不太宽。

麦当劳在马路对面。

肯德基在河对面。

（3）米（图片：姚明）

一米

2.26m: 两米二六

1.70m: 一米七零

[生生互动] 让学生说说各自的身高。

（4）游泳（图片）

你会游泳吗？

游：你游得快吗？ / 你可以游多少米？ / 这条河不宽，我可以游到河对面。

泳：100 米自由泳；泳衣、泳帽、泳镜。

（5）秒（学生读时间）

（6）成绩（图片）

成绩很好

最好成绩

8月12日，菲尔普斯男子200米自由泳的最好成绩是1分42秒96。

8月16日，博尔特男子100米跑的最好成绩是9秒69。

3. 总结、复习生词。

（目标及要求：检查学生认读及理解情况）

（五）语法（20分钟）

语法一：……有多 +adj？

1. 引入

我们班谁最高？皮大龙很高！他有多高？他有1米96。

2. 操练（图片）

（学生根据图片进行提问。图片务求夸张。）

　　（1）你有多高？

　　（2）蛋糕有多大？

　　（3）……有多宽？

　　（4）……有多远？

　　（5）……有多长？

　　（6）……有多贵？

语法二：……不到 +num+M

1. 引入

皮大龙有2米吗？他不到2米。

2. 操练：看图片或根据学生实际情况说句子。

[生生互动]

　　（1）他不到5岁。

　　（2）这条河不到8米。

　　（3）诺敏的宿舍很近，从宿舍走到教室，不到10分钟。

　　（4）从宿舍跑到教室，不到5分钟。

　　（5）她10分钟就能走到教室。

　　（6）她5分钟就能跑到教室。

　　（7）（马努尔和伊娜珏）他们1个小时才能到学校。

　　（8）我半分钟就能游到河对面。

（六）课文（20分钟）

1. 学生听述课文，然后回答问题。

（1）今天是 8 月 3 号，星期五。

（2）明天没有课，贝拉想请方云天一起去游泳。

（3）贝拉游得很快！她 100 米自由泳的最好成绩是 1 分 15 秒。

（4）方云天说他游得也不慢，他家前边有条河，他一分钟就能游到河对面。

　　　可是，你猜猜那条河有多宽？

2. 学生看关键词，说课文。

3. 学生听录音，完成课文对话。

（七）综合交际练习

1. 教师和学生做对话演示。

2. 学生分组完成对话。

[目标对话]

　　A：天气预报说，……。

　　B：太好了，我们一起去……怎么样？

　　A：好主意！你……得怎么样？

　　B：……。你呢？

　　A：……。/ 我不会……

　　B：……。/ 没关系，我教你。

（八）中国的大数字（15 分钟）

1. 引入：展示图片并提问，引起学生兴趣。

　　（1）你知道北京奥运会有多少个国家来吗？

　　（2）你知道中国有多少人吗？

　　（3）故宫有多少个房间？

　　（4）长城有多长？

2. 百以上称数法。

3. 操练：学生看 PPT 快读数字。（复习，根据时间练习）

　　109　120　212　1000　1010　1100　9908　9999　10000　20010
　　89087　140000　156009　1469000　19000000　168900000

4. 中国的大数字：

　　（1）北京奥运会有 205 个国家来。

　　（2）中国有 1370000000 个人。

（3）故宫有 9999.5 个房间。

（4）长城有 12600 里。

（九）汉字（10分钟）

1. 区分形近汉字

　　雨 / 雪　晴 / 请 / 情 / 清

2. 游戏

　　加一笔变一个字。（分组完成）口 / 日 / 白 / 李

（十）总结（3分钟）

1. 语法

　　……有多 +adj ？

　　……不到 +num+M。

　　百、千、万、亿

2. 课文二

3. 描述某项运动技能

4. 文化

中国的大数字

（十一）作业（2分钟）

说说你的运动成绩。

作文：你最喜欢什么季节？在这个季节你常常做什么运动？

综合课技能教学的教学模式

第2章

第 ① 节　教学模式概述

一、教学模式的界定

　　"模式"在汉语中指"标准的形式或样式"，在英语中是"model"。西方学者通常把模式理解为经验与理论之间的一种知识系统。国内关于教学模式的定义也有很多种，有代表性的有：（1）教学模式是在教学实践中形成的一种设计和组织教学的理论，这种教学理论是以简化的形式表达出来的，可称其为"理论说"；（2）教学模式是在"一定教学思想或理论指导下建立起来的各种类型教学活动的基本结构和框架"，可称其为"结构说"；（3）教学模式是在"一定教学思想指导下建立起来的完成所提出教学任务的比较稳固的教学程序及其实施方法的策略体系"，可称为"程序说"；（4）"常规的方法称为小方法，教学模式俗称大方法。它不仅是一种教学手段，而且是从教学原理、教学内容、教学目标和任务、教学过程直至教学组织形式的整体、系统的操作样式，这种操作样式是加以理论化的"，可称其为"方法说"。

　　我们可以把教学模式理解为开展教学活动的一整套方法论体系，它实质上是在一定的教学思想、教学理论、学习理论指导下，在大量的教学实验基础上，为完成特定的教学目标和内容而围绕某主题形成的稳定、简明的教学结构理论框架及其具体可操作的实践活动方式。教学模式是观念转化为实在的中介，是一种介于教学理论与教学实践之间的中层理论，是理论与实践的中介。它既是理论的具体化，同时又是实践的升华。

　　我们可以从动态和静态两个层面揭示教学模式理论的中介性。从静态层面看，教学模式是教学结构的稳定而简明的理论框架，是多侧面分层次的立体网络，直观地向人们显示了教学诸因素的组合状态，对人们从理论上认识教学方法具有重要的指导意义。从动态层面来看，教学模式不同于一般的教学理论，具有明显的可操作性，为人们在具体课堂教学中运用操作教学模式提供了具体的指导。模式不是固定不变的，而是变化发展的。

二、教学模式的历史发展

长期以来，我国一直奉行的是赫尔巴特和凯洛夫的教学模式。

（一）赫尔巴特的教学模式

约翰·菲力德利赫·赫尔巴特（1776~1841）是德国近代著名的哲学家、心理学家和教育家，是科学教育学的奠基人。赫尔巴特认为，教育的目的是培养德行，而作为教育基本手段的教学是培养德行的核心，教学的任务在于通过不同学科的教学来形成学生的各种观念，因为观念是人们认识世界最基本、最简单的要素，它是通过统觉——旧观念对新观念的同化作用而获得的。教学过程就是观念被统觉的过程，是从清楚明确的感知到与旧观念的联系以及扩大到应用的过程。

赫尔巴特对教学过程提出了清楚、联想、系统和方法四个阶段，通常被称为"教学四阶段论"。后经他的弟子莱因的改造，形成了"预备—提示—联想—总结—应用"的教学程序，这就是广为流传的"五段教学法"。如右图所示：

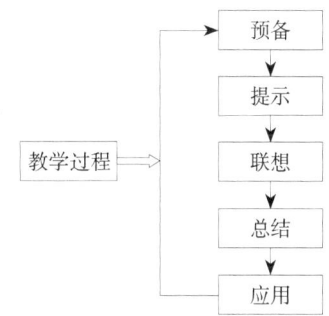

（二）凯洛夫的教学模式

凯洛夫（1893~1978），前苏联教育家。二十世纪四、五十年代苏维埃教育学的代表人物之一。凯洛夫深受赫尔巴特教学模式的影响并对其进行了改造和发挥。凯洛夫认为，教学首先在于"以知识、技能和熟练技巧的体系去武装学生，并在这一过程中有计划地使学生的认识能力和才能得到发展；其次，教学过程一方面包括教师的活动（教），同时也包括学生的活动（学），教和学是同一个过程的两个方面，彼此不可分割地联系着；再次，教学过程是学生在教师引导下的特殊认识过程，用"直观—思维—实践"的公式说明教学过程的基本阶段，从而形成著名的凯洛夫教学模式。其核心是"教学五环节"：组织教学—复习旧课—讲授新课—巩固新课—布置作业。如右图所示：

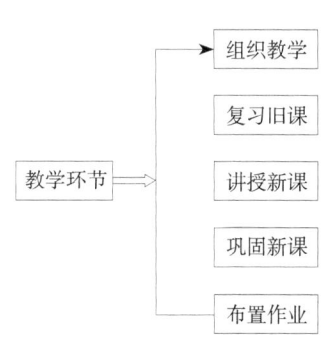

我国在上个世纪五十年代的中小学、乃至大学，一般都是按照这五个环节进行教学的，这种模式对讲求知识逻辑体系的完整性和学科技能训练的系统性发

挥着重要作用，几十年来通过一定的变通、改造，仍发挥着重要作用。然而，当今课程结构和内容已发生重大变化，教学模式必将随之进行改革和更新。

（三）基于问题解决的教学模式

传统教学模式十分注重基础知识的掌握，这是十分必要的。但如何在学习掌握基础知识之上帮助学生构建合理的知识结构和发展相应的思维能力、实践能力、情感态度？基于问题解决的学习对此做出了探索并体现了自己的优势。

基于问题解决的教学模式，集中体现了建构主义教学思想。在建构主义教学理论背景下，产生了一系列新教学模式，其中最典型的有三种："情境教学""随机访问教学""支架式教学"。"情境教学"也有人称之为"基于问题解决的教学"。实际上，"支架式教学"与"基于问题解决的教学"也有异曲同工之妙，可以"移植"和改造，与"基于问题解决的教学模式"相互参照，借此形成基本的教学模式。

"支架"（scaffolding）原指用于建筑的"脚手架"，这里用来比喻对学生解决问题和建构意义起支撑作用的概念框架。支架式教学的构成要素或基本环节可分为如下五个方面。第一，创设情境。将学生引入一定的问题情境，并提供必要的解决问题的工具。第二，搭建支架，引导探索。首先，教师要帮助学生确立目标，为学生探索问题提供方向；其次，教师要围绕当前学习的内容，为学生提供探索该学习内容所需要的概念框架，且该概念框架应置于学习者的"最近发展区"；再次，教师可以通过演示、提供问题解决的原型、为学生的问题解决过程提供反馈等形式以引导学生探索，教师的引导应随着学生解决问题能力的增强而逐步减少。第三，独立探索。在本阶段，教师要放手让学生自己决定探索问题的方向、领域，选择自己的方法，独立进行探索。第四，协作学习。通过学生与学生之间、学生与教师之间的协商讨论，可以共享独立探索的成果，共同解决独立探索过程中所遇到的问题。在共享集体思维成果的基础上达到对当前所学知识的比较全面、正确的理解，最终完成对所学知识的意义建构。第五，效果评价。包括个人的自我评价和集体对个人学习的评价，这种评价依然是与问题探索过程融为一体的。如右图所示：

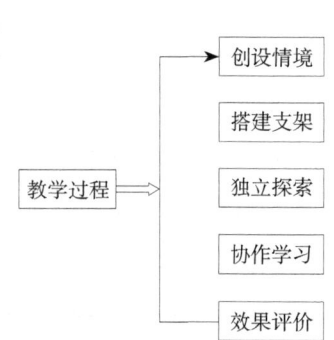

汉语作为第二语言的教学因为是以汉语作为教学材料向学生进行传授，必然要受中国本土教学模式的

影响，在教学中从重知识的传授，到重视能力的培养，再到知识的建构和学生自主学习能力的培养，对外汉语教学也经历了一个发展过程。

现在汉语作为第二语言教学已经走过了六十年的历程，在学科建设、理论体系和教学模式、方式、方法等方面都形成了独特的体系，正在向国际化迈进。

三、教学模式的特点

（一）操作性

教学模式是一种具体化、操作性较强的教学思想或理论，它把某种教学理论或活动方式中最核心的部分用简化的形式反映出来，为人们提供一个比抽象的理论具体得多的教学行为框架。教学模式比较清晰地呈现了教学程序，使教师在课堂教学中有章可循，便于教师理解、把握和运用。

（二）简约性

简约性是指教学模式大都以精练的语言、象征性的图式或明确的符号表达出来。一般来说，会用不同教学阶段的关键词进行总结，或者用流程图、框图来表达教学步骤间的逻辑关系和教学流程等。这些都能使复杂多样的教学实践经验理论化，又有利于形成比抽象的理论更具体、简明的操作框架，从而便于教师理解、运用，也易于交流、传播。

（三）目标性

任何一种教学模式都是围绕着一定的教学目标设计的，而且每种模式的有效运用也需要一定的条件，因此，不存在适用于所有教学过程的万能模式，也谈不上哪一种教学模式是最佳教学模式，只存在一定情况下能达到特定目标的最有效的教学模式。因此，使用教学模式需要有鉴别不同类型教学目标的能力，以便选用与特殊的目标相适应的特定模式。

（四）整体性

教学模式是教学现实和教学理论构想的统一，任何教学模式都是由各个要素有机构成的整体，本身都有一套比较完整的结构和机制，体现为理论上的自圆其说和过程上的有始有终。因此，在运用时，必须整体把握，既透彻了解其理论原理，又切实掌握其方式方法。

（五）灵活性

虽然教学模式一旦形成，其基本结构便保持相对稳定，但这并不意味着该教学模式就从此不变了。教学模式总是随着教学实践、观念和理论的不断发展变化，而不断地得到丰富、创新和发展，从而日臻完善。教学模式是一个动态开放的系统，有一个产生、发展、完善的过程，它的不断变革与改革，正是其得以具有有效性的重要保证。

第 ② 节　对外汉语教学模式

一、对外汉语教学模式概述

我国教学理论界对教学模式的研究是从 20 世纪 80 年代中期开始的，对外汉语教学界关注教学模式研究并运用到教学实践应该是 90 年代了。

（一）对教学模式的认识

崔永华（1999）认为"教学模式是课程的设计方式和教学的基本方法"；马箭飞（2004）认为"教学模式既是教学理论的具体化，也是对教学经验的一种系统概括，既可以从丰富的教学实践中通过理论概括而成，也可以在一定的理论指导下提出一种假设，经过多次实验后形成"。赵金铭（2004）认为"教学模式是从汉语独特的语言特点和语言应用特点出发，结合第二语言教学的一般性理论或对外汉语教学理论，在汉语教学中形成或提出的教学范式"。

从上面的论述中，我们不难看出，对外汉语教学领域一直在研究、探讨教学模式的建构和发展，大家比较一致的看法是：教学模式是介于教学理论和实践之间的一种教学范式或方法。

（二）教学模式的发展

对外汉语教学一直强调知识与技能的传授与训练，与这种理念相匹配，形成了对外汉语课堂教学的一些常用模式。如强调"精讲多练""讲练结合"的模式；强调听、说、读、写全面要求，突出听、说领先的模式；强调句型操练，重视语言结构的模式；强调课文内容的串讲，就课文内容问答的模式等。这些模式在训练学生语音语调的正确性，迅速掌握语言结构，快速回答课文问题，注重听、说、读、写技能训练等方面取得了一定成绩。

上个世纪 90 年代以来，对外汉语教学开始从单纯地传授知识和技能转到应用，倡导教学过程交际化，注重探究式、合作式学习。在这些教学理念指导下，人们开始对对外汉语教学模式进行新的探索。如以挖掘潜能为基础的汉语速成教学模式（崔永华，1996）；以词语集中强化为特点的初、中级阶段教学模式（陈贤纯，1999）；以语言微技能训练为重点的听说技能训练模式（杨惠元，1999）；以交际任务为基础的汉语短期教学模式（马箭飞，2000）；以虚词为核心的词汇—语法教学模式（李晓琪，2004）等，这些在对外汉语教学界都产生了不同程度的影响。

与此同时，对外汉语教学也广泛借鉴海外汉语教学模式。如，美国明德暑期汉语学校的教学模式、哥伦比亚在北京、哈佛北京书院、普北班模式等等。

二、对外汉语教学模式案例

（一）明德模式

明德暑校是美国明德学院（Middlebury College）利用每年暑假在校园举办的外语学习学校。中文暑校开办于 1966 年，经过四十多年的发展，这一模式渐趋成熟、定型，不仅在美国国内有着深远的影响，而且还影响到中国国内的汉语教学。

明德中文暑校属于短期强化教学，具有以下特色[1]：

1. 课程结构

明德暑校在暑期采取密集型的上课方式，一般是九周。包括大班课、小班课、个别辅导课和补习课。共分五个年级，一、二、三年级为初、中、高三个年级，四年级为文言文课程，五年级为中国思想文化课程。具体课程安排见下表：

班级类型	上课时间	学生人数	教学内容	备注
大班课	上午 2 小时	10 ~ 15	课文内容、语法	每周一次讨论和作文，每周一次周考，四周以后一次大考，此外，还有课外活动等。
小班课	上午 2 小时	4 ~ 5	根据大课的内容不断操练、练习、讨论	
辅导课	下午每人 20 分钟	1	针对学生的弱点，予以特别指导	
补习课	晚上 2 小时	全体	随时解答学生的疑难	

2. 成绩评定

在九周的学习期间，从以下四个方面对学生的学业成绩进行评定。

听写：30%

作业：20%

周考：30%

大考：20%（在第五周、第九周进行）

3. 教学特色

明德暑校采用沉浸式教学方法，以听说法为主，注重操练和听、说、读、写能力的培养，学生在入学之初要签署誓约，保证用目的语进行学习和交流。另外，教师与学生的比例为 1：4，教师采用集体备课，保证同一年级教学步调和方法的一致性。

明德学院暑期中文学校蜚声世界，影响深远，在北京的许多美国汉语培训项目都采用或部分采用明德暑校的中文教学模式，如哥伦比亚在北京、哈佛北京书院、普北班、首都经贸大学 ACC、北京外国语大学 IES 等，这些项目在北京都得到了很好的发展，在教学理念和方法上对明德模式既有继承又有创新。

（二）"普北班"模式

普北班是指美国普林斯顿大学在北京师范大学举办的暑期汉语培训班，该班从 1993 年开始，一直延续到现在，形成了教学效果良好的教学模式。

1　施仲谋（1994），明德中文暑校经验的启示，《世界汉语教学》第 1 期。

普北班继承了明德暑期中文学校的一些教学理念和方法，但是它的最大不同，是把教学移植到了中国北京这个目的语环境中来，通过短期强化教学，提高学生的汉语水平和用汉语进行交际的能力。具体特点如下：[1]

1. 采用联合办学

普北班采取联合办学的形式，即由普林斯顿大学在美国招生，每年 6 月至 8 月集中九周的时间在北京师范大学学习。学生通过入学的分级考试，结合本人志愿，进入一定的年级学习，通过汉语课程考试，可获得美国各大学的认可，相当于一年汉语课程的学分。

2. 集中强化训练

学生到北师大以后，只集中精力做一件事——学汉语。采用上午四节课，分大班课和小班课，下午每个学生参加与教师进行的个别谈话，晚上教师轮流值班，对自习和预习新课的学生进行辅导。

学生到北京后也要签署语言誓约，即只说汉语不说英语。

（三）"哥伦比亚在北京"（简称 CIB）模式

"哥伦比亚在北京"项目从 1997 年开始，先后跟中国人民大学、清华大学、北京语言大学合作，2005 年开始与北京大学合作。该项目由美方管理，在北京大学进行教学。"哥伦比亚在北京"项目每期九周，前四周和后四周为两个学期，中间有　周的假期。学生入学时要签署语言誓约，保证在北京就读期间只说汉语，不说英语。入学时按照考试成绩和学生的自愿分为四个年级。课程以强化的课堂教学为主，辅之以复习、操练、个人辅导、谈话等，并有丰富的课外生活。具体特点如下：[2]

1. 教学理念

"哥伦比亚在北京"在国外先进语言教学理念的指导下，又借鉴了明德、"普北班"的成功经验，对不同的教学理念、方法进行对比分析，加以取舍，继而提出了自己的教学主张，比如，听、说、读、写全面提高，通过课程设置使这四方面的能力同时提高，大班课重在课文和语法的学习，小班课重在语法操练和话题讨论；再加上师生个别谈话、演讲、作文等形式使听、说、读、写不分家；在四项技能中侧重听说技能的培养；强调"在教师控制下的以学生为中心"；强

1　参见朱志平（1996），目的语环境中的强化教学一例——北京师范大学"普北班"评介，《语言教学与研究》第 3 期。

2　参见高晨（2007），"哥伦比亚在北京"暑期汉语项目个案研究，北京语言大学硕士学位论文，指导教师姜丽萍。

调语感的养成等。

2. 教学目标

CIB 在多年教学实践经验的基础上，充分考虑学生在九周的强化学习中所能达到的水平，为四个年级的汉语教学都制订了非常明确的目标，见下表：

年级	教学目标
一	能够创造语句、提问和回答，参加简短的交谈。使用日常必需用语和礼貌用语，所说的话能被经常与外国人打交道的母语者听懂。
二	提高基本的听、说、读、写能力，能够参加非正式的交谈，陈述事实，下达指令，能对现在、过去、将来的活动进行描述、报告和叙述。能够就具体的话题发表自己的看法，如个人经历、家庭、爱好、工作、旅行、时事等。所说的话基本能被不常与外国人打交道的母语者理解。
三	进一步提高听、说、读、写能力，掌握口语和书面语的基本区别和使用场合。能在正式和非正式场合与人交谈，能处理语境难题、应付不熟悉的话题，能做出解释、详细描述、论证观点和做出假设。能够讨论实用、社会、专业以及抽象话题，特殊兴趣话题以及需要一些专门知识的话题。口语表达中有不影响理解的、母语者几乎察觉不到的错误，偶有基本结构错误。
四	可以阅读中文原文、小说、报刊等，语言使用与谈话对象相宜，能商讨、劝说、谈判、阐述观点。可以讨论一般专业性话题。口语表达接近母语者，话题广泛，措辞准确，与场合相宜，偶有小错。

除了学习结束时要达到的总体教学目标以外，CIB 开课以前，各年级所有教师和学生还会拿到一个教学目标明细表，包括该年级的学期教学目标、周教学目标甚至每课时教学目标，确定了每节课的教学内容和教学任务。

3. 教材

2005 年以前 CIB 所使用的教材是与哥伦比亚大学东亚语言文化系中文部日常教学通用的教材，但对于暑期项目来说，通用教材显然缺乏针对性。2006 年，CIB 一至三年级开始尝试使用为这个暑期项目量身定做的教材——《京华汉语》。

4. 教师

CIB 的教师主要由两个部分组成：一是来自哥伦比亚大学或美国其他大学的汉语教师，二是在北京邀请和招聘的教师。在开课前要对北京招聘的教师进行为期一周的培训，培训内容包括：介绍 CIB 的教学理念、美国汉语教学的现状和美国学生的特点、教学原则和要求，明确各课型教师的职责、各课型的备课标准和方法、考试和作业的评分标准等。此外，还要观看教学录像，有经验的教师进行示范教学，由培训官进行点评，等等。

5. 上课流程

CIB 的课堂教学在长期实践中，已经形成固定的程序化教学流程。具体来说，分为单班课、大班课、小班课和个别谈话四个环节，用图表示如下：

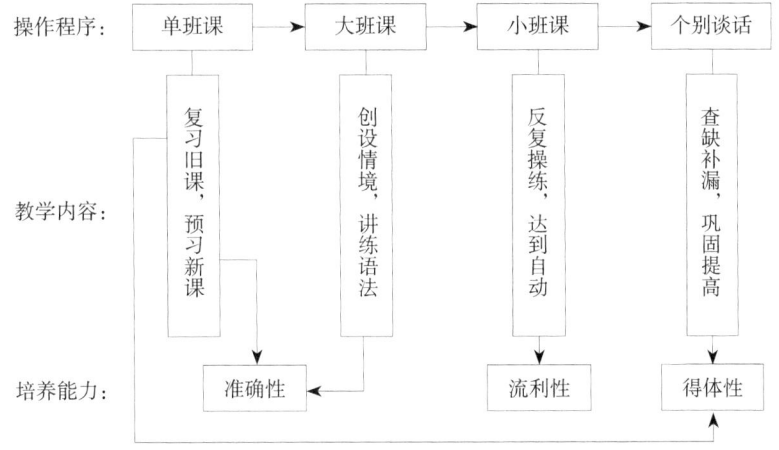

6. 成绩评定

CIB 在对教学效果的评估方面建立起了一套测试系统，利用测试的杠杆作用来对教学效果进行评估，见下图：

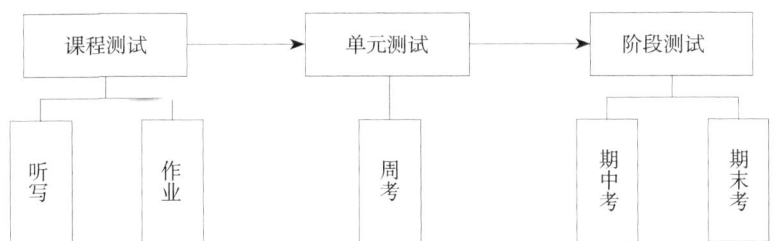

学生通过各部分成绩之和得到一个总成绩，如果成绩合格，可获得美国大学承认的 10 个学分。各部分成绩占总成绩的比例如下：

大、小班出勤和课堂表现	10%
单班课表现	15%
个别谈话表现	5%
作业（包括作文）	20%
听写	10%
周考（包括期中考试）	20%
期末考试	20%
合计	100%

7. 住宿和课外活动

CIB 经过多年的实践，已经形成了有"语言誓约"保证、有丰富多彩课外活动、并由住宿管理辅助的"全浸式"语言学习环境营造体系，如图所示：

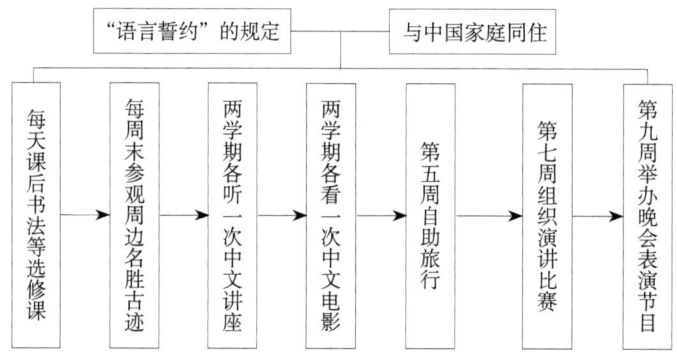

CIB 是美国大学来华开办短期汉语强化教学的项目之一，它的模式渗透着现今美国汉语教学界的指导思想。其教学理念、管理方式、课程设置、教学方法、评估方式等对于我们来说都有很大的研究和参考价值。

（四）美国 AP 教学模式

AP（Advanced Placement Program）课程是美国在中学开设的一种大学预备课程，已经有五十年的历史。2006 年，美国大学理事会决定在中学正式开设 AP 中文课程（Advanced Placement Chinese Language and Culture Course and Examination），这标志着汉语教学已经进入了美国的主流课程。

AP 中文课程是在美国《21 世纪外语学习标准》指导下构建的汉语作为外语的教学和考试模式，教学对象是美国的高中生。它的特点可概括为"一、二、三、四、五"[1]，即一个大学先修课程项目；两项内容（AP 课程和 AP 考试：AP 中文语言与文化课程，AP 中文语言与文化考试）；三种交际 / 沟通模式（人际交流模式，理解诠释模式，表达演示模式）；四项语言技能（听、说、读、写）；五大目标（5C：交流 / 沟通，文化，连贯，比较，社区）。

AP 中文课程是围绕 5C 标准而设计和研发的，融大学、中学教学理念于一体，是一种以 AP 考试为引导的课程设置，它不是把听、说、读、写按照不同技能分成不同课型来教学，而是综合培养的。

美国的 5C 标准为：交流 / 沟通（communication）、文化（cultures）、连贯

---

1 吴勇毅（2008），汉语作为第二语言 / 外语教学模式的演变与发展，《第九届国际汉语教学研讨会论文选》。

（connection）、比较（comparisons）和社区（communities）。具体说来就是运用外语交流、体现多元文化、贯连其他学科、比较语言文化特征、应用于社区。5C 的核心标准是交流/沟通。吴勇毅（2008）进一步概括，AP 中文跟以往不同，它们是在第一个 C 下，被三种交际模式重新组合了：听、说（理解诠释模式），读、写（表达演示模式），听、说、读、写（人际交流模式），教学模式见下图：

美国 AP 课程与以往国内的教学有些不同，具体体现为以下特点：

1. 重语言意义和语言功能

近年来，人们在外语教学中重形式轻意义，随着交际法和任务型教学法在外语教学中的运用，人们更加重视交际能力的培养，从重形式到重功能和意义，强调情境模拟和活动设计。

2. 以学生为中心

以学生为中心首先要了解学生，不仅要了解学生的语言能力，还要了解学生的社会背景、文化兴趣、心理情感、学习动机和学习方法等。同时要重视学生的参与，要调动学生的积极性参与到教师组织的课堂活动中来。

3. 进行互动式的课程设置

互动是基于两个或两个以上的主体之间的一种思想交流、情感传递和信息交互过程。在第二语言教学中，教师应创设一个自由、宽松的语言交往环境，支持鼓励吸引教师与学习者、学习者与学习者之间的交际，体验语言交流的乐趣。"在学生的语言文化背景多元、程度参差不齐的情况下，以学生为中心的教学途径，比如合作学习、生生互动，更显出其优越性和必要性"。[1]

4. 注重培养学生的学习策略

学习策略是学习者为了更有效地学习和使用外语而做出的各种选择和采取的各种措施。它既包括学习者为提高外语水平所采用的方法和手段，又包括学习者对外语学习和使用过程的调控，两者相互联系，又具有不同的功能和作用。在教学中，教师应有意培养学生的认知策略、元认知策略、社会或交际策略、情感策略，培养学生的自主学习能力。

---

1 温晓红（2011），美国中文教学面临的挑战和对应策略，《世界汉语教学》第 4 期。

（五）短期速成强化教学模式

"对外汉语短期速成强化教学体系"是北京语言大学汉语速成学院经过多年的教学实践和理论提升形成的一套多样化、系列化的适合各种需要的课程及教学模式，创建了完善的课程体系和教学规范，编写出各级各类特色教材，开发研制出完善的测试系统，注重现代教育技术手段的运用，通过短时间、最优化的教学和强化训练，使学生的汉语交际能力有明显的提高。该模式 2004 年获北京市高等教育教学成果一等奖，2005 年获全国高等教育教学成果国家级二等奖。该模式的特点如下：[1]

1. 完善的课程体系

速成学院的主体教学模式分强化教学、速成教学和短期教学。其中强化教学分基础、初级和准中级三个等级，以综合、口语、听力为主干，辅以单项训练和语言实践活动；速成教学开设综合、口语、听力、阅读四门主干课；短期教学开设口语、听力、阅读三门主干课，增设汉语写作、汉外翻译、文化类以及商贸汉语、旅游汉语等 27 门选修课，以适应各级各类短期强化学习者的需求。目前这些课程都配有独具特色、具有短期速成特点的系列精品教材，各教学机构和学习者个人可根据自己的需求进行选择。

2. 多样化的教学模式

速成学院教学模式分主体教学模式和创新教学模式，每种教学模式又分不同的学习时间和周学时，但突出特点是周学时较多，注重教学的实践性和学以致用，具体见下表：

教学模式		学习时间	周学时	教学特点
主体教学模式	汉语强化教学	20 周	30	既定目标的高效率教学
	汉语速成教学	20 周	20	分阶段呈螺旋式排列的系列化教学
	汉语短期教学	10 周以下	20	短期任务式教学
创新教学模式	汉语短期强化教学	4-12 周	30	注重交际，听说领先
	现代汉语强化教学	12 周	30	分阶段设定教学目标，突出实践性和学以致用
	特殊目标强化教学	按需安排	20 或 30	适用于特殊教学对象、特定教学目标和教学内容

1　参见"对外汉语短期速成强化教学体系建设"获国家级教学成果奖，《世界汉语教学》2005 年第 4 期。

3.建立了各类教学资源

（1）题库建设

为了配合教学评价和分班的教学需求，该模式与各类教学和教材相配合建立了两个数字化题库。目前题库有测试题6000多道，可自动生成试卷文本，增强了检测的科学性。

（2）多媒体教学辅助手段

➢ 500课的电子教案

➢ 165课的课件

➢ 基础汉语基本句型教学多媒体素材库

➢ 基础汉语交际项目素材库

三、综合课教学模式

（一）讲练—复练教学模式

早在对外汉语教学初期的二十世纪五六十年代，"基础阶段一直只开一门融语音、语法、词汇为一体的综合课"，教学形式上采取"讲练—复练"形式，即综合课每个班安排两个老师上课，一个上讲练课，一个上复练课。复练的教学安排紧紧围绕讲练课的内容进行。这种课型需要两位老师的紧密配合。

目前北京语言大学汉语进修学院初级阶段从2008年起开始采用这种上课方式，即由一位老师精讲课文的主要内容，包括生词、语法、课文等，另一位老师负责精读课的各种技能的综合训练。

（二）核心课与分技能课相互配合的教学模式

进入二十世纪七十年代，"按照六十年代定型的以讲练（精读）为中心的课型设计，越来越显得'不合时宜'，教师双方都要拿出相当的时间和精力用于共同的协调磋商，"[1] 费时费力。

综合课虽然包括语音、词汇、语法、汉字等内容，但是根据教学的实际，采取了阶段划分的办法，即语音阶段、词汇语法阶段、短文阶段，"每一阶段有其主要任务，同时也要适当照顾其他方面，特别要注意为过渡到下一阶段准备条

---

1 李培元（1988），五六十年代对外汉语教学的主要特点，《第二届国际汉语教学讨论会论文选》。

件。如语音阶段，以掌握语音为主，同时又要学一些汉字，给一些简单的句型等。语法词汇阶段，以掌握词汇（每天约 15 个）和语法（每天 2 ~ 4 条）为主，在后期又增加较多的短文训练，为过渡到下一阶段做好准备。"（钟梫，1979）

虽然是阶段侧重，但是在一门课里（精读课）综合训练听、说、读、写四种技能，"不能保证学生在听、说、读、写四项技能的训练方面达到预期的效果"，[1]因此采取在语法阶段开设听力课和泛读课，在短文阶段增加写作课和口语课，形成了精读课（现在的综合课）加听力、会话、阅读、写作"小四门"的课程设置，这种课型设置是以精读课为主，其他课型为辅。

基于"不同的语言技能需要不同的训练方法"[2]的认识，二十世纪七十年代末又提出按照不同专业、不同语言专业分设课型的教学设想，最后形成了分课型取代综合课型的局面，即"变一门课综合训练多种技能为几门课训练单项技能"。[3]但是这种分技能设课，并不是把它们截然分开，而是各课型之间在教学内容和教学要求上建立起相应的内在联系，使它们之间既相对独立，又相互配合。"每一个课型中的每一课都与其他课型中相对应的一课组成'平行课'，平行课之间有一定数量相重叠的语音、语法、词汇内容，称之为'共核'，文科班的课型为读写、听力、说话。"[4]其中读写课是打头课，按照先读写后听说的顺序进行教学。

到了八十年代，文科进修班课程在基础阶段主要由精读课统领，分技能课包括听力课、阅读课、口语课相互配合的课程设置体系，即"精读课是一种讲授汉语基本语法体系、词语结构、提供汉语基本词汇和进行各项语言技能训练的综合性质的实践汉语课。专项技能课（包括必修和选修）则是在精读课所提供的语法、词汇知识的基础上，对某项语言技能训练的扩展和深化。专项技能课既要在语法、词语的运用上与精读课配合，又要根据功能情景的需要与该项技能训练的特点自成体系"[5]。目前，这种课程的教学模式一直延续到现在，即核心课为精读课（或综合课），技能课有听力课、阅读课、写作课、口语课与之配合。

（三）综合课常用教学模式

一个留学生进入汉语学习的过程，首先要学会发汉语的音，并在此基础上记

---

1 吕必松（1985），基础汉语教学课型设计和教材编写的新尝试，《语言教学与研究》第 4 期。

2 李培元（1988），五六十年代对外汉语教学的主要特点，《第二届国际汉语教学讨论会论文选》。

3 吴勇毅、徐子亮（1987），建国以来我国对外汉语教学法研究述评，《对外汉语教学研究会第 23 次学术研讨会论文选》。

4 参见吕必松（1987），《对外汉语教学探索》，华语教学出版社。

5 李更新（1984），文科进修班汉语教学的课程设置，《语言教学与研究》第 4 期。

住一定数量的单词和句子。通过构词法和构句法的学习，掌握汉语的一些语法的基本法则，这时就可以造句了。在这个过程中一直伴随着汉字的学习和记忆。当学生能说出一些正确的句子，并开始用于交际时，会在交际的过程中发现，有些句子用得不一定合适或得体，因此还要在课堂上进行多种情景的模拟训练，以便适应社会环境。根据这一过程，学习者在课堂上经历的过程如下：

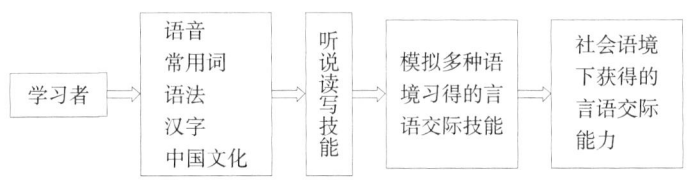

初级阶段综合课从教材内容来看，一般包括语音、词汇、语法、课文、汉字、练习等项内容。由于语音和汉字主要集中在综合课的初期阶段进行，为了便于集中说明，这里的综合课教学只包括词汇（生词）、语法、课文、练习等方面的内容，我们称为四个模块，即生词模块、语法模块、课文模块、练习模块。它们之间既有联系，又各自独立。

根据一个学习者在课堂上学习的过程，以及综合课的教学内容，在先进的教学理念指导下，经过多年的教学实践，我们在综合课教学中形成了一个比较稳定的教学模式，见下图[1]：

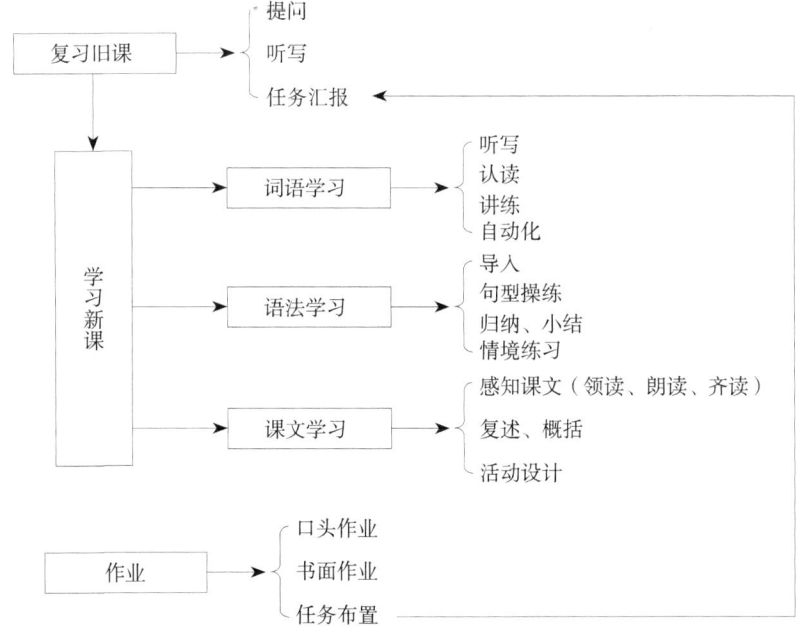

1　参见姜丽萍（2008），《体验汉语基础教程教学参考书》前言，高等教育出版社。

具体教学如下：

1. 复习环节

复习环节是对前一次课布置作业的检查，也是教师对学生教学内容掌握情况的反馈，因此在上新课前，首先安排复习环节。

（1）汉字的认读

采用"多认少写"的教学模式，即开始学习的汉字不要求都会写，但一定要能认读，因此每课安排认读词语这一环节。

（2）快速回答问题

对前一次课所学的内容通过口头问答的形式进行检查，教师所设计的问题既具有层次性又具有系列性，同时还注意联系学生的实际，是学生"跳一跳，够得着"的问题。

（3）听写

这一环节教师根据学生的实际情况可做可不做。听写主要以课文中比较常见的句型为主，字数少，结构简单，主要目的是引起学生对汉字书写的兴趣。

（4）任务汇报

每课的最后一个课时都给学生布置一个课下任务，因此每学新课的第一个课时都要安排学生来汇报他们完成任务的情况，一般以两三组为宜。

2. 学习新课[1]

（1）词语学习（生词）

听写词语

➢ 首先要求学生在学习新课的词语前要预习生词，达到能认、能读、能听写、知道翻译的意思。

➢ 听写

第一步：学生到黑板前按照教师事先写好的序号听写生词，例如：

（1）怎么

（2）一直　　　　　　　　　　　（3）走

（4）往　　　（5）前

（6）路口

（7）左（8）拐

（9）层　　　　　　　　　　　　（10）远

1　参见姜丽萍（2008），《体验汉语基础教程教学参考书》第9课，高等教育出版社。

第二步：师生共同修改写错的词语，教师一边修改，一边擦掉序号，板书变成：

怎么

一直　　　　　　　　　　　　走

往　　前

路口

左　　拐

远

层

然后认读听写的生词，认读生词的步骤如下：

➢ 找读：教师指着词语让学生读，大家七嘴八舌地找读这个词的发音
➢ 教师领读
➢ 学生自己练习读
➢ 教师指定学生一个一个读（每个学生读四五个）
➢ 学生齐读

词语扩展：

➢ 扩展时注意以旧带新，由少到多，由熟悉到不熟悉，扩展的最后一个句子
　应该是课文中的句子
➢ 课文中的句子要达到自动化

（2）语法学习

➢ 语法导入
➢ 语法操练
➢ 语法归纳、小结
➢ 语法情境练习

以语言点"用'怎么'的问句"为例：

导入：教师可以利用事先准备好的校园地图，指着地图上的地点或手中的图片说句子：

➢ 去会议中心怎么走？
➢ 去9号楼怎么走？

操练：（教师变换手中的图片或指着校园地图上的其他地点，让学生练习说句子）：

➢ 11号楼

➢ 北京饭店

➢ 中国学生宿舍

➢ 留学生宿舍楼（课文中句子）

小结、归纳：

去……	怎么走
S	P

练习:（教师展示相应图片）

➢ 17 号楼

➢ 机场

➢ 留学生宿舍 2 号楼

➢ 北京大学 3 号楼

（3）课文学习

➢ 教师带着学生根据听写的板书和情境说课文

➢ 教师就课文内容提出一些问题，然后将问题写在白板上（或发给问题单）

➢ 教师将本课课文录音播放一遍，要求学生带着问题专心聆听课文内容

➢ 听完录音后，教师引导学生逐一回答问题，教师给出答案，写在白板上

➢ 学生打开课本，教师逐句播放录音，学生看课本听第二次录音并跟读

➢ 教师解释重点词句（词汇、语法等），并要求学生记笔记

➢ 全班一起大声齐读一遍课文

➢ 分组或轮流再朗读一遍课文，读后教师正音

➢ 学生就课文提问，教师答疑。（答后可再听一遍录音）

➢ 学生能流利、自动地说课文

➢ 课堂活动设计

把教室模拟成马路边，两个人一组表演课文。

道具准备：写好地名如"北京大学、10 号楼、银行、留学生宿舍楼、会议中心"等的台签，摆在恰当的课桌上（主要是学生能用已经学过的词语表达的方位上）。课间休息时，这些台签仍然保留不动，下一节课"复习环节"还可再利用，教师可以一边指着台签一边复习学过的问句。

3. 作业

（1）预习方面的作业

（2）课本中的练习题

（3）课下任务布置

综合课技能教学的教学方法

第3章

第 ① 节 怎么教语音

一、语音教学的内容

语音教学的目的是培养学生发音和运用声音技巧的能力。语音教学的内容比较庞杂，包括声母、韵母、声调和变调、轻声、儿化、语调、重音等。初级阶段的教学应该帮助学生打好语音基础，达到语音语调基本正确。

语音教学一般都从拼音开始，对于从未接触过汉语的学生来说，对汉语拼音没有任何概念。所以，首先得让学生了解汉语拼音是怎么组成的。为了说明拼音的组成，教师不妨板书一个音节，音节的声母、韵母、声调分别用不同颜色的笔来写，看着这个板书的音节来说明，学生一目了然。

二、语音教学的基本原则

（一）因材施教，对症下药

学生的母语不同，对汉语语音的感知也不一样。对于不同国别的学生来说，汉语语音的难点存在着一定的差异。拿声母来说，英语国家的学生大多会觉得 zh、ch、sh，j、q、x 这两组声母比较困难；对韩国学生来说，除了这两组声母以外，f 也是难点之一；汉语中送气音与不送气音的对立、边音 l 以及 zh、ch、sh、r 等声母，对日本学生都是难点；而母语为西班牙语的学生会感到 j、q、x 的发音尤其困难。同样，韵母、声调等语音要素对外国学生既有普遍性的难点，也有因母语差异而产生的各自的难点。在教学中，教师首先要了解这些难点，才能因材施教，有针对性地进行教学，在纠正学生发音时才能抓住重点。

（二）化整为零，各个击破

汉语语音需要教授的内容丰富，规则繁多，并且要达到熟能生巧的程度。如果将各个语音要素集中进行教学，既不现实，也达不到我们的教学目的。目前语音教学主要有两种模式。一种是一开始就将声母、韵母和声调等知识全部教给学生，然后进入课文教学，不再单独操练语音。另一种是为了教学的方便，在第一课带领学生将全部声母、韵母和声调过一遍，不要求学生一下子都能掌握。在接下来的几课中，根据发音部位、发音方法和声母跟韵母结合的常用性，将声母、韵母分成几组进行教学，每一课重点操练一组或者两组。比如，汉语的 21 个声母，学生很难一下子全部记住，可以分成如下六组，一组一组地操练：

第一组：b　　p　　m　　f

第二组：d　　t　　n　　l

第三组：g　　k　　h

第四组：j　　q　　x

第五组：zh　ch　sh　r

第六组：z　　c　　s

韵母有 30 多个，可以分成如下几组：

第一组：a　　o　　e　　i　　u　　ü

第二组：ai　ei　ao　ou　ua　uo　uai　uei(-ui)

第三组：an　en　ang　eng　ong　uan　uen(-un)　uang　ueng

第四组：ia　ie　iao　iou(-iu)　ian　in　iang　ing　iong

第五组：üe　üan　ün　er

轻声、儿化、变调等内容也要有计划地进行分散教学，分布到不同的课中，每一课重点操练某项内容。

（三）音义结合

汉语拼音是学习汉语的工具，掌握拼音对学习汉语至关重要。但并不是说，必须等完全掌握了拼音再学习别的内容。实践证明，单纯的语音操练很容易使学生产生厌烦心理，甚至会削弱学生学习汉语的兴趣。为此，语音教学要注意音义结合，如果不结合语义，语音操练内容对学生来说只不过是无意义的抽象的符号。在最初的语音阶段，可以结合一些常用的词语、短句进行语音练习。比如：píngguǒ，在练习拼音的同时，如果告诉学生它的意思是 apple，学生会更有兴趣，教学效果也会相应提高。

（四）在语流中教学，切忌孤立地单讲音变

在实际表达中，我们一般以句子为单位进行输出，而不是一个字一个字地说。汉语中一个字的读音在语流中一般会发生变化，变调在汉语中是一个很普遍的现象，比如，三声的变调、"一"和"不"的变调，还有轻声、重音等。特别是三声，两个三声连读时前一个音读成二声。跟其他声调组合时，如果三声读不准，跟在它后边的发音一般也会错，甚至会影响到整个句子的语调和语气。因此，我们要尽量避免利用单音节进行语音和声调练习，而应该放到声调组合或者语流中进行操练。

（五）重视重音、语调和语气教学

学生用汉语说句子，用词正确是第一步。如果词语用对了，而重音和语调不正确，听起来一定很别扭，不自然，甚至会影响整个句义的表达。如"地道"一词，重音在前在后，意思不同。同样一个句子"他回国了"，分别用陈述语气和疑问语气读的话，表达的意思不一样。除了将词语重音的规律、语调和语气方面的知识告诉学生以外，教师要能起到良好的朗读和说话示范作用。

三、语音要素的教学方法

（一）对比法

对比法在语音教学中是最常用的方法之一。比如，声母中送气音和不送气音的比较、韵母中前鼻音和后鼻音的比较；不同声调的比较；汉语和学生母语的比较；同一个句子不同重音的比较；不同语气的比较，等等。可以说，对比教学在语音教学中几乎无处不在。例如，英语为母语的学习者，发 b、d、g 时会有浊化现象，发得跟英语中的 b、d、g 一样，听上去比较低沉。原因在于印欧语中的 b、d、g 与 p、t、k 之间是清浊对应关系，也就是声带振动与否的差别，而普通话中的 b、d、g 与 p、t、k 是送气与否的差别。为了帮助欧美学生正确把握汉语中 b、d、g 的发音，可以用汉英对比的方式举例进行说明。汉语中 b、d、g 没有浊音，而英语中有浊音，如英语单词 by、die、guy。汉语中 b、d、g 的发音和英语单词 spy、stay、sky 中的 p、t、k 的发音相当；而汉语中 p、t、k 与英语单词 pee、tea、key 中的 p、t、k 的发音相当。[1]

1　曹文（2010），《现代汉语语音答问》，北京大学出版社。

日语里没有送气音，日本学生无法分清送气音和不送气音。为了让他们学会送气音，可以用吹纸等方法让他们体会送气音和不送气音的区别，还可以给他们做一些听说对比练习。如：bà–pà，dú–tú，gū–kū，dùzi bǎo le–tùzi pǎo le。[1]

（二）图示法

利用发音部位图进行教学，学生能直观地看到发不同音时舌位的不同，如"z、c、s"和"zh、ch、sh"这两组音一直是教学中的难点，只靠教师讲解和示范，学生很难理解，利用发音部位图，学生理解起来就容易多了。

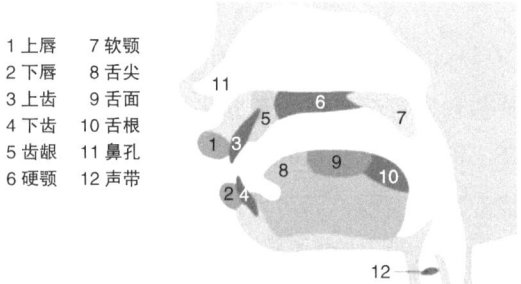

声调教学中，常用五度标记法进行教学。每个声调的起点和落点的高低以及升降的幅度，学生把握起来比较困难。用五度标记法图示给学生，一目了然，操练起来就容易多了。

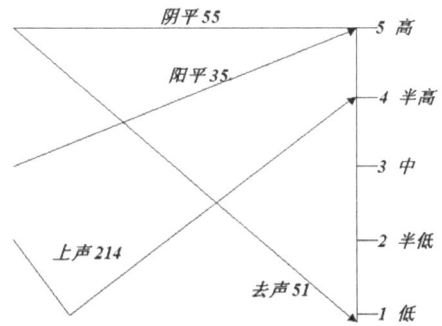

（三）借物法

有些发音可以借助一定的物品来进行教学。在讲解送气音和不送气音的区别时，可以拿一张纸放在嘴前，先发不送气音，再发送气音，让学生观察，再进行模仿、练习。zh、ch、sh、r向来是语音教学的难点，利用牙签法可以大大降低发音难度。方法是，将一根牙签横放在上齿第三或第四颗牙下，舌两边略向中间

---

1 曹文（2010），《现代汉语语音答问》，北京大学出版社。

卷起，舌尖沿牙签上方前伸，舌尖不要下垂，即可找到发音部位。

　　韩语中自古没有轻唇音 [f]，只有重唇音 [p] 和 [p']，所以有的人在学习声母 f 时发不出唇齿音，而是发成双唇音 [p] 或 [p']。例如常把"吃饭"说成 (chi pan);"方向"读成（pangxiang）。解决问题的关键是搞清发音部位，[f] 是唇齿音，[p] 是双唇音。除了用夸张法放慢发音的过程，加大音量，夸大唇齿发音动作以外，对那些模仿不了的学生，可以用借物法强制发音，可让学生用笔杆将上唇向上抬起，使上唇不与下唇接触，再让上齿轻咬下唇，气流摩擦发音。用借物法教学，学生通过多次练习即能发出 [f] 了。这种强制方法简便、实用、有效。[1]

（四）带音法

　　带音法是利用某些音发音部位或发音方法相同的特点，先发较容易的音，进而引导学生发出难音。很多学生发 ü[y] 比较困难，可以教给学生先发 i [i]，舌头保持不动，然后收拢双唇成扁圆，即可发出 ü[y]。有的学生发不好 r 的音，可以用 sh 的音带出 r。方法是先发 sh 的音，并将声音延长，然后突然用力使声带振动，就可以发出 r。声调教学也可以使用这种方法。比如，很多初学者发不准第四声，不了解第四声的起点和落点的音高在哪里。可以用一声带四声，利用常用的一声和四声的音节组合来练习，如"吃饭""商店"等。

四、如何操练语音

（一）示范与模仿

　　"示范与模仿是语音练习的最基本的方法。"[2] 通过示范模仿，训练学生听辨语音和运用语音的能力。学生模仿时如果出现错误，教师要及时纠正，并再次进行示范，让学生再模仿，反复操练，直到正确为止。当直接模仿教师，学生仍不能正确发音时，可以借助其他方式进行模仿。比如，学生发 f 感到困难时，可以模仿世界通用的"哆来咪发"这个乐谱音来练习。学生发二声时升不上去，发四声时降不下来是一个比较普遍的问题。可以模仿英语词来进行练习，二声可以模仿 what 在问句中的起始音"wha↗t"，四声可以模仿肯定语气的 yes 中的"ye↓s"。

1　宋春阳（1998），谈对韩国学生的语音教学——难音及对策，《南开学报》第 3 期。
2　赵金铭（2006），《汉语可以这样教》，商务印书馆。

（二）声母韵母的操练

教授声母和韵母时，教师一般先用四段跟读法领读，让学生建立起拼写和发音的对应联系，树立对语音的正确认识，这是语音教学的第一步。领读时要让学生看着教师的口型，必要时要辅以发音部位示意图，以便让学生弄清楚具体的发音部位，体会发音方法。

1. 声母的领读过程如下：

教师领读 b →学生跟读→教师再领读 b →学生再跟读

p	p
m	m
f	f
d	d
t	t
n	n
l	l
……	

2. 韵母的领读过程如下：

教师领读 a →学生跟读→教师再领读 a →学生再跟读

o	o
e	e
i	i
u	u
……	

（三）声调和音节的操练

1. 首先，在操练声调以前，要让学生了解汉语的声调有区别意义的作用。特别是对母语为非声调语言的学生来说，让他们认识到这一点很重要。只有这样，在以后的学习中他们才会重视声调。这里，可以向学生展示几组常用的声调不同的词作为例证。例如：

bā（eight）	bà（father）
mā（mother）	mǎ（horse）

shuǐ（water）　　shuì（sleep）

shí（ten）　　shì（yes）

yú（fish）　　yǔ（rain）

2. 声调的标注

汉语的声调标在韵母上，如果韵母为单韵母，直接标在这个韵母上即可。如果韵母为复韵母，除了 -iu 以外，声调符号按照 a、o、e、i、u、ü 的顺序标注。具体情况是：

（1）韵母为 ai、ao、an、ang 和 ia、iao、ian、iang、ua、uai、uan、uang、üan 时，声调要标在 a 上。例如：kāi、gāo、kàn、páng、jiā、xiǎo、biān、liǎng、huà、kuài、xuǎn、huáng、juǎn。

（2）韵母为 ei、en、eng、ie、üe 以及 uei、uen、ueng 自成音节时，声调要标在 e 上。例如：lèi、gēn、héng、xiě、lüè、wéi、wén、wēng。

（3）韵母为 ou、uo、ong、iong 以及 iou 自成音节时，声调要标在 o 上。例如：kǒu、guó、gōng、qióng、yǒu。

（4）韵母为 in、ing 时，声调要标在 i 上。例如：xīn、líng。

（5）ün 的声调标在 ü 上。例如：qún。

（6）韵母 -iu 是一个例外，声调要标在 u 上。例如：liù、jiǔ。

3. 接下来，可以进入四个声调的讲解、示范和模仿练习。讲解时最好借助声调示意图，并用 ā、á、ǎ、à 来进行基本的四声定调练习。

4. 音节操练，一般先操练单音节，然后逐步过渡到双音节和多音节组合练习。进行组合音节练习时，要注意各种不同声调的组合。仍然用四段跟读法（即：教师领读→学生跟读→教师再领读→学生再跟读）让学生模仿。例如：

bā	tā	shí
nǐ	hǎo	sì
jīntiān	jīnnián	chīfàn
hěngāo	hěnmáng	hěnhǎo
hěnlèi	Hànyǔ	Hànzì
wǒde	péngyou	xuésheng

★ 注意：练习声调时，单音节声调的操练不宜过多，因为练习单音节时一般读的是全调，而进入语流后，声调多少会发生变化，或者调域发生变化，或者产生变调现象，特别是第三声。

汉语的声调，形成双音节时会有 16 种组合方式，加上轻声，共有 20 种组合方式。这 20 种组合方式在操练语音时都应该照顾到。由于三声在音节组合中都会发生变调，应该重点练习。下面是一些含有第三声的双音节组合示例，其他声调组合也可以依此方法编写。

第一组：三声 + 三声

nǐ hǎo

shuǐguǒ

lǎohǔ

yǔfǎ

xǐzǎo

wǔdǎo

hěn hǎo

xiǎo niǎo

fǔdǎo

※ 提示：两个三声连读时，前一个三声读为二声。

第二组：三声 + 一声

lǎoshī

měitiān

yǐjīng

hǎochī

huǒchē

yǔyīn

mǎishū

shuǐbēi

gěi tā

第三组：三声 + 二声

yǐqián

měinián

xiǎoshí

yǒumíng

hěn máng

qǐchuáng

kěnéng

Měiguó

xuěbái

jiǎnchá

第四组：三声 + 四声

wǎnfàn

nǔlì

gǎnmào

yǐhòu

yǒuyòng

dǎjià

hǎokàn

yǎnjìng

zhǔnbèi

Mǎlì

第五组：三声 + 轻声

xǐhuan

yǎnjing

wǎnshang

wǒmen

nǐmen

zěnme

lǐbian

※ 语音知识提示：

1. i、u、ü 自成音节时，要写成 yi、wu、yu。

2. iou 自成音节时写成 you，有其他声母时写成 -iu。

3. uei 自成音节时写成 wei，有其他声母时写成 -ui。

4. uen 自成音节时写成 wen，有其他声母时写成 -un。

5. 声调标在 i 上时，要去掉 i 上边的点。

6. j、q、x 和 ü 及 ü 开头的韵母相拼时，要去掉 ü 上边的两点。例如：jù、

qù、xú、xún。

7. 儿化的写法是在原来的音节后边直接加上 r。例如：huār、wánr。儿化音的读法主要依靠教师示范，学生模仿。

（四）拼音的练习方式

单纯地示范模仿拼音，形式显得比较枯燥，学生容易感到厌倦。适当地示范模仿之后，需要增加一些检测性的练习方式，让学生感到既有挑战性，又有趣味性。下面介绍几种常用的练习方式。

1. 卡片游戏

为了检测学生对声母、韵母和声调的听辨能力，教师可以将声母、韵母和声调的调号写在卡片上，上课时将卡片分发给不同的学生，一人一张或一人数张，教师念一个音节，持有该音节所含声母、韵母和声调的学生分别将卡片举起来，展示给其他同学看。如果学生都举对了，教师要将该音节写在黑板上，并领读该音节。例如：教师念"shǒu"，学生应该将声母 sh、韵母 ou 和第三声的调号举起来，教师板书"shǒu"，然后领读该音节。

在学习声调时很多学习者比较突出的毛病是"二声上不去，四声下不来"。"二声上不去"，即读中升的35调时常常读成高平的55调或读成半三的21调；"四声下不去"即读全降调时学生往往读成高平调。有的学习者虽然能读准拼音，但读不准汉字的音调；说话时也记不住词的声调。为了解决这一问题，在语音阶段，最好采用语流教学与音素教学相结合的教学法，使声音与意义结合起来，因为没有意义的声音，人们很难记忆。所以为了让学生把词及汉字的音调记忆下来，可以制作生词卡片，在上课时教师快速出示卡片，学生快速认读，重点是记音记调，不断复习学过的生词内容。也可将生词按声调分类，相对集中连续出示相同声调的词语，使学生充分体会和掌握一种声调规律并成批地记住词语发音和声调。例如：

一声＋轻声：妈妈　哥哥　他的　桌子

二声＋四声：不去　不对　不是　不看　不错

也可以把声调相同的双音节词语组成有意义的短句进行练习。比如，为了克服学生"二声＋轻声"这个难点，可以用"二声＋轻声"的词语组合成下列句子。

（1）谁的　孩子　来了。　　　（3）什么　橘子　便宜　极了？

（2）朋友　孩子　来了。　　　（4）别的　橘子　便宜　极了。

练习这类发音组合时，可以按这样的顺序进行：教师出示卡片让学生读，然后教师说出其中一个句子，指定学生重复。这样的练习让枯燥的声调学习变得生动有趣，声音附着在有意义的词语上，变机械为灵活，学生记忆深刻，效果良好。要注意的是，句子里的词应该都是学过的，免得增加学生的负担，影响学习效果。[1]

2.选择练习

声母、韵母、声调都可以采用选择练习的方式。

（1）练习声母时，给学生一组一组的声母，教师直接念，让学生选出听到的声母。练习示例：

教师念：b	学生选：b	p		
t	d	t̲		
j	j̲	q	x	
z	z̲	c	s	
sh	zh	ch	s̲h̲	
x	s	sh	x̲	
l	l̲	m	n	
q	j	q̲	x	p

（2）练习韵母时，给学生一组一组的韵母，教师直接念，让学生选出听到的韵母。练习示例：

教师念：e	学生选：a	o	e̲	
an	a̲n̲	en	ang	
ing	in	i̲n̲g̲	iang	iong
ui	iu	u̲i̲		
uen	uan	u̲e̲n̲	uang	
ie	ia	i̲e̲	ei	
ou	ao	o̲u̲	uo	
eng	ang	e̲n̲g̲	ong	

---

[1] 宋春阳（1998），谈对韩国学生的语音教学——难音及对策，《南开学报》第3期。

（3）选择声调时，给学生一组一组的音节，音节的声母和韵母相同，只有声调不同，教师直接念，让学生选出听到的音节。练习示例：

教师念： nǐ	学生选： ní	<u>nǐ</u>	nì
dà	dā	dá	dǎ	<u>dà</u>
zhǐ	zhī	zhí	<u>zhǐ</u>	zhì
xián	xiān	<u>xián</u>	xiǎn	xiàn
qù	qū	qú	qǔ	<u>qù</u>
wǔ	wū	wú	<u>wǔ</u>	wù

（4）选择音节时，给学生几组音节，每组有两个选项，每个选项可以是单音节的，也可以是音节组合。各个音节的声母、韵母、声调可以有一项不同，也可以有多项不同。方法也是教师念，让学生选出听到的音节。练习示例：

教师念： nǐ	学生选： <u>nǐ</u>	mǐ
lù	lù	<u>lù</u>
fā	<u>fā</u>	pā
duō	<u>duō</u>	dōu
qù	<u>qù</u>	pù
zhīdào	<u>zhīdào</u>	zhǐdǎo
jīqì	jījí	<u>jīqì</u>
yóuyǒng	<u>yóuyǒng</u>	yǒuyòng
yǎnjìng	yǎnjīng	<u>yǎnjìng</u>
máoyī	<u>máoyī</u>	màoyì

3. 认读练习

（1）让学生看着拼音读出音节。学生读的时候应该在老师的监控和指导下进行。最好让学生单个轮流读，这样比较容易控制，如果让全班学生齐读，不太容易发现学生的错误。一旦发现学生读错了，教师要及时纠正，领读该音节。领读时不仅要面对读错的学生，也要面对全班学生。认读的拼音材料最好是易混易错的音。练习示例：

duō	dōu
liù	guì
gāo	gǒu
bà	pà
xué	xié

（2）轻声、儿化、音节组合，特别是变调的操练也经常用认读的练习方式，目的是让学生对这些发音规律形成条件反射。

轻声认读示例：

bàba　　māma　　xǐhuan　　háizi　　dàifu

儿化认读示例：

huār　　wánr　　xiǎoháir　　yìdiǎnr　　yíxiàr　　yíhuìr

4. 判断正误

给学生一些音节材料，可以是单音节的，也可以是双音节的或者多音节的。教师念音节，学生判断教师念的跟他们看到的材料是否一致。

（1）辨别声调：教师念的音节跟学生看到的音节声母和韵母相同，学生判断听到的声调和语音材料的声调是否一致，一致的画"√"，不一致的画"×"。练习示例：

教师念：	学生判断：	
wǎn	wàn	（ × ）
chī	chí	（ × ）
shāng	shàng	（ × ）
xiāng	xiāng	（ √ ）
fǔdǎo	fǔdǎo	（ √ ）
màoyì	máoyī	（ × ）
jiāxiāng	jiāxiāng	（ √ ）
yǎnjing	yǎnjìng	（ × ）
shuìjiào	shuǐjiǎo	（ × ）
piàoliang	piàoliang	（ √ ）

（2）辨别声母：教师念的音节跟学生看到的音节韵母和声调相同，学生判断听到的声母和语音材料的声母是否一致，一致的画"√"，不一致的画"×"。练习示例：

教师念：	学生判断：	
liú	niú	（ × ）
fēi	huī	（ × ）
kàn	gàn	（ × ）

pǎo	bǎo	（×）
guān	kuān	（×）
jǐngchá	jǐngchá	（√）
shīwàng	xīwàng	（×）
zōnghé	zhōnghé	（×）

（3）辨韵母：教师念的音节跟学生看到的音节声母和声调相同，学生判断听到的韵母和语音材料的韵母是否一致，一致的画"√"，不一致的画"×"。练习示例：

教师念：	学生判断：	
zhèn	zhàn	（×）
hěn	hǎn	（×）
liè	lüè	（×）
shǒu	shuō	（×）
guì	guì	（√）
diànnǎo	dùnǎo	（×）
júzi	júzi	（√）
jiàoyù	jiānyù	（×）
liúliàn	língluàn	（×）

（4）辨音节：教师念的音节跟学生看到的音节的声母、韵母、声调可能有一项不同，也可能有两项或者三项不同。学生判断听到的音节和看到的是否一致，一致的画"√"，不一致的画"×"。练习示例：

教师念：	学生判断：	
jiēshòu	jiàoshòu	（×）
fāngxiàng	fángxiàn	（×）
yàoshi	jiàoshì	（×）
zhǔshí	zhǔchí	（×）
fāxiàn	fāsàn	（×）
xiāoxi	xiāoxi	（√）
fēngzhēng	fēnzhēng	（×）
qìchē	qíchē	（×）
liànglì	liànglì	（√）
jījí	jíqí	（×）

5. 听写练习

根据语音教学的进度，可以就不同内容进行听写练习，可以听后填声母、填韵母、填声调、同时填韵母和声调，也可以听写整个音节。

（1）听后填声母，就是让学生在空白处填上听到的音节的声母。练习示例：

教师读：

mā lǐ nín hàn tiānqì nǔlì chízǎo lǚxíng

学生填空：

m̲ā l̲ǐ n̲ín h̲àn t̲iānqì n̲ǔlì ch̲ízǎo l̲ǚxíng

（2）听后填韵母和声调，就是让学生在空白处同时填上听到的音节的韵母和声调。练习示例：

教师读：

jiù zhīshí liànxí kèqi xíguàn jùzi zuòyè tuìxiū

学生填空：

ji̲ù zhīsh̲í liàn̲x̲í kèq̲i xíg̲uàn jùz̲i zuòy̲è tuìxi̲ū

（3）听写整个音节。练习示例：

教师读：

xuéxí xiūxi cúnzài zhuōzi shítáng xiāngjiāo

学生写：

x̲u̲é̲x̲í x̲i̲ū̲x̲i c̲ú̲n̲z̲à̲i z̲h̲u̲ō̲z̲i shítáng x̲i̲ā̲n̲g̲j̲i̲ā̲o

★注意：无论是听写声母、韵母，还是听写整个音节，听写完后要马上核对，纠正错误，并带领学生读出这些音节。

（五）重音的操练

1. 词重音

词重音是指重音落在一个词语哪个音节上。汉语的词重音根据音节的不同而呈现出不同的类型。比如，双音节词语的重音主要有"中重型"和"重轻型"，前者如"xuéxiào""zuòyè""mǎshàng""zhǔnbèi""lǚxíng"等，后者如"dìfang""xǐhuan""shíhou"等。三音节词语主要有三种，一种是"中轻重型"，如"diànshìjī""hèniánkǎ""chīdexià"等；二是"中重轻型"，如"húluóbo""xiǎohuǒzi"等；三是"重轻轻型"，如"guàibude""zhèmezhe"等。学生光知道词语的重音类型还不够，在日常教学中，每学习一个新词语，教师都要做出朗读示范，以保证学生一开始接触一个词语就要读得正确。为了检验学生对词语重音的掌握情况，教师可以给出一些词语让学生来读。

双音节词语示例：

diànyǐng　shǒujī　hànyǔ　hànzì　　niúnǎi

píjiǔ　　kělè　　kāfēi　miànbāo　mǐfàn

三音节词语：

qiǎokèlì　lùyīnjī　diànyǐngpiào　xīhóngshì

xīlánhuā　hànbǎobāo

2. 句重音

句重音是指重音落在句子的哪个词语上。重音有表意功能。同一个句子，重音落在不同的词语上，句子表达的语义重心不同。为了让学生体会汉语句子的重音，可以就一个句子的不同成分进行提问，然后再根据提问内容读出相应的答句。比如根据"他星期天去故宫了"，可以提问"谁星期天去故宫了""他什么时候去故宫了""他昨天做什么了"，三个问句的重音分别为"谁""什么时候""做什么"，与之相对应的答句的重音分别为"他""星期天""去故宫"。练习句重音时，可以让学生就一个句子的不同画线部分分别提问，并说出相应的答句。例如：

玛丽 在北京 学习汉语。

我们 每天上午 上课。

我 昨天 学习了 三个小时。

我 去过 两次 美国。

中午 我 跟朋友 一起 吃饭了。

（六）语调教学

句子的语调具有表意功能。可以首先让学生体会同一个句子用不同的语调读出来，表达的语义不同。比如"他是学生"，先用陈述语气读，再用疑问语气读，并随之分别讲解二者的表达功能。在学生理解的基础上，可以多找几个句子，带领学生用不同的语气来读同一个句子。和声调相比，对学生来说，语调更难，需要反复操练。在日常教学中，教师也要注意学生的语调训练，发现错误要及时纠正，教师做出朗读示范，并让学生模仿。教师重视语调，学生才会逐步形成正确的语调意识。

（七）节律的操练

汉语的节律主要体现在词语的松紧上，也就是哪些音节应该连读，应该在哪儿停顿。进行节律操练时，教师可以先将一个句子进行切分，标示出哪些音节应该连读。比如：他今天下午 / 要参加 / 篮球比赛。然后教师示范朗读，同时要求学生注意句中的自然停顿、语调等，让学生模仿跟读。学生跟读时，教师一定要监督学生读得是否正确、自然、流利。日常教学中，无论是句子还是课文教学，教师都要注意学生说句子或朗读时节律是否正确。

第 ② 节 怎么教汉字

一、汉字的特点

（一）汉字属于表意文字

汉字是汉语的书写符号系统。由于口头语言具有两个要素——音和义，因此音和义成为记录语言的依据，作为记录语言的文字要么显示它的音，要么显示它的义。费尔迪南·德·索绪尔说，世界上"只有两种文字体系:（1）表意体系。一个词只用一个符号表示，而这个符号不取决于词赖以构成的声音。这个符号和整个词发生关系，因此也就间接地和它所表达的观念发生关系。这种体系的典范例子就是汉字。（2）通常所说的表音体系。它的目的是要把词中一连串连续的声音摹写出来。表音文字有时是音节的，有时是字母的，即以言语中不能再缩减的要素为基础的。"[1]从汉字发展的历史来看，最初的汉字用简单的符号或根据事物的

1　索绪尔（1980），《普通语言学教程》，高名凯译，岑麒祥、叶蜚声校注，商务印书馆。

大概样子，用简单的线条勾画出来，形成一幅像画儿一样的"图"，并以此表示事物或意思。可以说，意义是构成汉字外形的基本根据，字形的构成包括象形、指示、会意、形声等方法。因此汉字与其他拼音文字最大的区别就在于：看拼音文字的外形就可以直接读出声音来，人们因"声"知"义"，而"汉字并不直接与词义结合，也不是分别与音、义结合，它所记录的是音、义结合的词。"[1]也就是说，汉字记录的是语素，其构形具有示义和示音的功能，但由于汉字造字法的复杂性以及汉字在演变发展过程中发生了笔画逐渐简化等诸多变化，我们根本不能做到看到一个汉字的外形就得知它的意思。这也是外国人学习汉字感到困难的主要原因。

（二）汉字的构形

汉字构形学主要探讨汉字的外形构成和演变的规律。汉字发展初期，汉字字符以象形为主，绝大多数汉字字符都是象形形体，它们彼此之间必须具有区别性，因而字与字之间缺乏有机的联系而显得不成系统，而且给使用者带来巨大的记忆负担。于是，古人用字形中凝结下来的表示固定语义或语音的符号来参与构字，这就是组成汉字的构件，由此便出现了合体字，简化了汉字系统。构件与构件的组合反映了造字者的造字意图，即构意，因此是有规律可循的。苏培成指出，"内部结构是指与字音、字义有联系的汉字构成成分的组合，字符是其基本单位。现代汉字有意符、音符和记号三类字符。其中意符、音符和整字的字义、字音有联系，是有理据的；记号和整字的字义、字音没有联系，是无理据的。"[2]因此，在由意符、音符、记号组成的六类字中，会意字、形声字是有理据字，半意符半记号字、半音符半记号字是半理据字，独体记号字、合体记号字是无理据字。形声字由音符和意符组成，其声旁、形旁与字音、字义密切联系，是汉字理据性的重要表现。在作为第二语言的汉语教学中，我们同样可以利用汉字的构形理据实施汉字教学。

（三）汉字的字形

从书写形式看，汉字是平面型方块体文字，汉字的笔画有秩序地分布在一个平面型的方框里，这是汉字从外观上看最明显的特点。汉字的结构特征表现为

1　陆宗达、王宁（1994），《训诂与训诂学》，山西教育出版社。
2　苏培成（2001），《现代汉字学纲要》，北京大学出版社。

笔画、部件和整字三者的层次关系。其中笔画是构成汉字形体的最小单位，笔画之间的不同组合形成部件，部件与部件进一步组合成汉字。由于汉语的音节结构比较简单，音节数量比较少，和语言中的语素的数量相比较，不成比例。在这种情况下，读音相同的语素就非常多，如果书面上不用形体各异的汉字把这些同音的语素和词区别开来，就会造成混淆，因此使得汉字系统的字数繁多，这也是造成汉字结构复杂、笔画繁多的重要原因。据资料统计，现代汉语用字在1万个左右，国家公布的《现代汉语通用字表》收录汉字7千个。以7千个通用汉字为例，笔画在7画至15画的多达5千以上，另一方面，汉字的结构单位笔画和部件，在组合成字时不是按照统一的方向排列组合的，而是上下左右全方位展开，多向行进，而且结构单位的组合模式也是多种多样的，笔画组合有相离、相接、相交几种，部件组合有左右结构、上下结构、包围结构、框架结构等，而且很多字往往是几种方式的结合，结构就更复杂了。所以习惯于认读和书写呈鱼贯式线性排列的拼音文字的外国人往往会在认读和书写汉字方面感到很困难。

二、汉字的教学模式

（一）"先语后文"的教学模式

1950年，对外国学生的汉语教学刚开始时，基本上采用的是"先语后文"[1]的办法。学生先借助拼音，学习汉语，五、六个月后才开始接触汉字。这种方法虽然在初期分散了难点，但难点都集中到了识字阶段，学生吃不消，于是这种汉字教学模式被否定。1951年"先语后文"的教学模式借鉴了集中识字教学法，与之前做法的不同之处在于：学完七、八百个生词和基本语法之后，不讲新课，利用十来天的时间，专门突击学过的生词中所包含的汉字，但教学效果依然不理想，"先语后文"二次被否定。

（二）"语文一体、随文识字、写字"的教学模式

"语文一体，随文识字、写字"，顾名思义，汉字教学的内容依课本出现的汉字的先后顺序进行，先出现的汉字先识、先写，后出现的汉字后识、后写，这是国内现行的多数对外汉语综合课教材采用的汉字教学方式。由于外国学生，特

1　李培元、任远（1986），汉字教学简述，《第一届国际汉语教学讨论会论文选》，北京语言大学出版社。

别是非汉字文化圈的学生在听说与读写方面明显存在着难易程度上的差异，若坚持语文同步，势必会造成汉字的读写严重影响听说教学进度的局面。刘珣指出："'语文一体、随文识字'没有充分地考虑汉字自身的特点和规律，汉字的出现完全决定于教材内容，无法按汉字本身规律和由易到难、循序渐进的原则进行教学。"[1] 结果是学生可能为学汉字花了大量的时间，但效率极低，汉字读写能力很差，严重影响了汉语水平的提高。我们认为，初级综合课本通常是按照从易到难的顺序编排语法项目，同时根据学生的表达需求编写的，如此就很难兼顾到汉字出现的顺序，比如在学习汉语之初，学生就会学到"谢谢"，但同时要求学生会写这个汉字，于是造成在学生不具备任何汉字书写常识的情况下写汉字，他们只能死记硬背，既花工夫，又没有效率。特别是在非目的语的环境下，若因为写汉字的困难，使学生丧失了学习的信心，又影响汉语水平的提高，可谓是得不偿失的。

（三）"先语后文，多认少写"的教学模式

为遵循汉字学习的基本规律，循序渐进地进行教学，崔永华等人主张"先语后文，多认少写"[2] 的教学模式，即入门阶段主要依靠拼音教学，加快口语学习速度，为汉字学习准备先决条件。教材中汉字可以跟拼音同时出现，但是不做识记、书写要求，使学生逐步建立汉字的概念。在学生对汉字有了初步印象之后，逐步要求学生认读一些简单、常用汉字。只要求整体认知，不做分析，不做书写的要求。到相对集中识字的阶段，再利用汉字规则，大量教授汉字。认字和书写都遵循先易后难的原则，在各个阶段，都不要求学习者会书写全部认识的汉字，只规定会书写汉字的最低要求，特别注意不因书写困难拖汉字、汉语学习的后腿。江新用实验的方法证明[3]"认写分流、多认少写"不但有利于学生识字，而且有利于学生写字。在此基础，姜丽萍提出"认写分流，多认少写，认写同步"[4] 的教学模式，采用先分后合的教学思路。与"先语后文"不同，其课文以拼音、汉字同现形式出现；与"语文并进"不同的是，它采用"多认少写"，但到一定的时间"认写同步"的方法。教学实践证明，在国内实施该模式，学生的认读与书

---

1 刘珣（2000），《对外汉语教育学引论》，北京语言大学出版社。

2 崔永华（2008），从母语儿童识字看对外汉字教学，《语言教学与研究》第 2 期。

3 江新（2007），"认写分流、多认少写"汉字教学方法的实验研究，《世界汉语教学》第 2 期。

4 姜丽萍（2008），初级阶段对外汉字教学模式设计与实践，《第四届对外汉语国际学术研讨会论文集》，外语教学与研究出版社。

写能力都有明显提高。

（四）精读课框架内相对独立的汉字教学模式

王汉卫认为"语文一体，随文识字"肯定是违背了汉字习得规律的，但独立开设汉字课也是不可取的，他提出精读课框架内相对独立的汉字教学模式[1]。其设想是将汉字课作为精读课的一部分，同时又相对独立地进行教学。具体做法是汉字教学以精读课为依托。例字分为课文内和课文外两部分，前者是为了复习，后者是为了扩展，前者为主，后者为辅，有丰富的汉字练习形式。为了顺应汉字学习的习得顺序，汉字教学内容要于课文编写之后独立编写，这样，汉字部分的内容就可以统筹全书的汉字，结合汉字知识，选出相应的汉字进行教学。汉字教学要对随文出现的汉字进行能动的反拨，根据具体汉字的难度、频度、作为部件的价值、在整个汉字教学中的先后位置等标准，对随文汉字的认读、书写提出不同的要求。有的要求会写，有的要求会认，还有的则可能暂不提出要求。汉字教学的时间安排也是根据教学需要灵活安排的。

我们认为，采用什么样的汉字教学模式要因当地的教育环境、教学目的、目标以及学生的学习需求而定。但海外的中文教学环境毕竟无法与国内相比，不但中文课时普遍较少，而且课后学生练习的机会也很少，因此合理的汉字教学安排显得尤为重要。初级综合课中的汉字教学，要求学生多认少写是更现实的做法。有研究表明，笔画数对第二语言学习者认读汉字不产生影响，在汉字识别过程中不存在笔画数效应，学生识别多笔画汉字的正确率和识别少笔画汉字的正确率差异不显著。因此我们建议课文内容汉字和拼音同现，如此可以为学生留有更大的学习空间，但教师应该在所识汉字和数量上提出明确的要求。与汉字识别不同，第二语言学习者在汉字书写方面却存在笔画效应，汉字笔画越多，学生在书写时的错误率就越高。这一方面说明汉字的笔画越多，学生正确书写的难度越大，所以汉字书写教学应遵循由易到难，循序渐进的原则，尽量利用汉字构形理据帮助学生理解和记忆汉字的"义"与"形"，并能书写出来；另一方面也说明学生在汉字书写过程中需要对汉字的结构、部件、笔画进行精细的加工，并动手练习。所以说，书写任务比识别任务难度大得多，要求学生会写的数量少于认读的数量是合乎规律的。

在实际教学中，如何做到"多认少写"，"少写"又应写哪些汉字？如何安排

---

[1] 王汉卫（2007），精读课框架内相对独立的汉字教学模式初探，《语言文字应用》第 1 期。

汉字书写教学呢？姜丽萍提出的教学试验方法值得借鉴：（1）统计教材中共有多少词语、多少汉字，其中有多少独体字，然后依据其构字能力进行排序，并结合在课文中出现的顺序，确定这些独体字的教学顺序；（2）把汉字按照偏旁排序，结合课文中出现的顺序，构字能力强的偏旁先教书写；（3）把不常用的独体字进行排序，构字能力强的不常用独体字也要先书写。例如"巴"是不常用独体字，但它能构成"把、吧、爸、色"等字，因此也要把它作为一个字来教书写；（4）对常用部件进行统计，构字能力强的常用部件也要作为一个整体教学生书写。教学实践证明，经过对练习材料的精心编写与教学设计，学生的认读能力与书写能力明显提高。

三、汉字教学方法示例

汉字教学包括认读和书写两方面，认读能力的培养是要求学生将汉字的形、音、义结合起来进行理解认识的过程。对汉字外形的认识和记忆，只要求学生对汉字整体样式和某些笔画特征进行分辨、记忆即可，而汉字的书写则要求学生对汉字的结构、笔画做精细的加工，否则学生无法将汉字一笔一画地写出来。关于识字教学的方法很多，我们将其总结归纳为以下几种：

（一）形象示意法

我们知道，汉字属于世界上几种古老的文字体系之一，最初的很多文字符号的形体都脱胎于图画，虽经过历史演变的过程，但发展到今天，一些汉字在形体上仍能依稀看出其原始面貌，象形的意味颇浓。对于这样的汉字，可以采用从形象上展示古文字的做法。这些字的字形很像事物的形状，能使学生了解汉字的来源及发展变化，这样可以激发学生的学习兴趣，同时也可以从汉字的外形特征上帮助学生识记汉字。

例：口、日、月、木、刀、牛、羊、象等象形字

教学步骤：1.图片展示这些字代表的事物。

2.图片展示这些汉字的甲骨文形体。

3.图片展示这些汉字现在的形体。

4.做练习：图片与现代汉字之间连线练习。

（二）析字会意法

关于古人的造字方法有"六书"说，即象形、指示、会意、形声、假借和转注。其实只有前四种可称为造字法。其中指示字和会意字在字形上也都清晰展现了古人造字的思路：指示字是在象形字上加一个简单的符号，用来指示要说明的事物；会意字是把两个或更多的象形字合在一起来表示一个意思。教学过程中，只要教师有心地将这部分汉字的构成为学生加以分析，就会加强学生对这些汉字的识记。

指示字：

例：立：是在"大"下边加一横，表示人站在地上。

刃：是在"刀"上加一点，表示这里是刀刃。

本：是在"木"下边加一横，表示树根的位置。

末：是在"木"上边加一横，表示树梢的位置。

由：是在"田"上出头，表示从这里进入要去的田地。

甘：是在"口"里面画一点，表示嘴里有好吃的东西。

会意字：

例：天："大"为四肢伸展的人，"一"在人头顶上代表"天"。

休：表示人在树旁休息。

问："口"表示说话，"门"表示关着门，意思是：人在门外问某人在家吗？

困：表示被包围起来的没有生命的树。

明：日和月合在一起就表示明亮。

（三）部件归纳法

很多汉语教学专家已经认识到部件对学习和记忆汉字的重要性，因为部件的数量有限，同一个部件重复出现在不同的汉字中，而且它们在很多汉字中表示相同的意义，因此只要掌握了一定数量的部件及其位置关系，汉字的记忆和书写就会容易得多。形声字就是由表示意义的形旁和表示读音的声旁组成的。有统计表明，在《现代汉语通用字表》收录的7000个通用汉字中，形声字共占5631个，占通用字总数的80.5%，有绝对优势，而且形旁的构字能力远强于声旁。排在前10位的形旁是："氵、艹、口、扌、木、钅、亻、虫、讠、土；因构字数量多而排在前20位的声旁是：者（13）、工（12）、分、干、*艮、*圭、肖（11）、方、令、皮（10）、白、包、丁、各、交、莫、尚、少、＊昔、＊佳。"[1] 在汉字教学过程中，随着学生掌握汉字数量的逐渐增加，及时归纳形声字中常见形旁和声旁的表义、表音功能，这对学生理解字义、记住或提示读音有很大帮助。

例1：归纳"扌"的表意功能。

教学步骤：

1. 引导学生观察今天学习的汉字"接"，讲明"接"的意思。
2. 教师扔给学生一件东西，让学生"接"，体会"接"是用手做的动作。
3. 让学生说出所学过的带有"扌"的汉字。若学生说得不全，教师进行补充，并板书出这些汉字，如：打、找、抓、抱、拉等。
4. 让学生做"打、找、抓、抱、拉"等动作，问学生这些动作有什么共同的特点。
5. 归纳出"扌"通常表示"用手做的动作"。

例2：归纳"氵"的表意功能。

教学步骤：

1. 引导学生观察今天学习的汉字"游""泳"有什么共同的特点。
2. 与学生共同总结出"氵"表示"水"的意思。
3. 请学生找出所学过的带"氵"的汉字，教师进行补充，同时板书这些汉字，如：河、江、汤、泪、洗等。
4. 将板书的5个汉字与图片做连线练习或组词练习，加深印象。

例3：归纳"木"的表意功能。

教学步骤：

1. 请学生观察教师板书的一组汉字（学生学过的）有什么共同点？如：桌、椅、树、桃、果等。
2. 学生找出它们的共同特点为都含有"木"字旁。
3. 学生找出学过的带有"木"的汉字。
4. 引导学生归纳出"木"表示与树木有关的事物。

1　万业馨（2005），《应用汉字学概要》，安徽大学出版社。

5. 让学生猜测"森""林"两个汉字的意思，以加深印象。

（四）偏旁推义法

汉字中合体字是由部件构成，部件与部件在构字过程中都表现出一定的构意。"它们所承担的构意类别分以下四种：表形功能、表意功能、示音功能和标示功能。"[1] 但其中最主要的是表义偏旁和示音偏旁。由于语音的演变，示音偏旁与所构成汉字之间的声音联系已经相去甚远，大部分只是近似。只看声旁，任何人也不敢贸然读出这个字的发音，但它可以成为学生学过一个汉字后，辅助记忆汉字发音的一个工具。但是表示意义的部件构成的汉字，其意义通常还与表义偏旁的意义相关，学生可以望"字"生义。汉字教学中教师可以充分利用汉字构件的表意功能，帮助学生理解和区别汉字的意义。

例 1：菜

教学步骤：

1. 请学生猜猜"菜"的意思。

2. 图片展示"菜"的意思。

3. 拆解汉字：艹（表义）+ 采（示音）→ 菜

4. 用"菜"组词语进行练习。

5. 学生说出学过的带有"艹"的汉字，复习并强化对"艹"表义的认识。

例 2：喝—渴

教学步骤：

1. 学习这两个汉字以前，教师告知两个汉字的意思，学生猜哪个汉字是"喝"，哪个汉字是"渴"。（喝水的时候需要用嘴，因此"口"字旁的是"喝"，而渴的时候需要水，所以有"氵"的为"渴"。）

2. 学生读词组，理解并识记，区分字形。如：喝水；很渴；喝啤酒；喝茶；渴极了等等。

---

[1] 王宁（2002），《汉字构形学讲座》，上海教育出版社。

例3：桃—跳（作为已经学过但学生易混淆的汉字）

教学步骤：

1. 图片（长在树上的桃子及孩子跳的动作）展示两个汉字的语义，根据语义让学生说出两个汉字的发音，使学生巩固语义与发音的联系。

2. 问题引导：桃子长在什么地方？（树上）所以，"桃"有表示"树木"的"木"字旁；"跳"要用什么？（脚）所以，"跳"字带有"足"字旁。

3. 认读汉字练习：教师指，学生读。

（五）形近字比较法

汉字数量多，而且它的方块形体又限制了汉字的构造，因此一个汉字与另一个汉字只能靠部件的组合方式、笔画的多少及位置等的不同来加以区别，这就容易造成字与字之间在外形上看很相似。常见易混淆的情况有：多一笔少一笔：王—玉，问—间；长横短横：未—末，土—士；左同右异：饭—饮，折—拆；右同左异：怀—杯，谈—淡；一笔之差：力—九，贝—见；还有整体形似的：真—直，这—还，等等。虽然学生误读汉字的原因多种多样，但最常见的当属因汉字外形相似，而将甲字读成与之形近的乙字的读音。在教学中应将外形相近的汉字进行比较，认识它们之间的不同之处，对这样的字进行精细加工，从而抓住其细微差别而区分它们。可使用的方法有：

1. 帮助学生抓住一组汉字外形上的区别性特征，区别字音与字义。

例：王—玉

教学步骤：

（1）学生告诉老师这两个汉字在字形上的不同："玉"比"王"多一点。

（2）教师分析"王"字：一种解释说，三横代表天、地、人，意思是国王要顺从天、地、人的常理。因此，没有"、"的是"王"。

（3）展示图片：老虎头上的"王"，使学生头脑中形成这个汉字音、形、义的结合，学生牢记"王"字后，加上区别特征"、"就是"玉"。

（4）做区别性练习：老师发音，学生指认汉字或老师指汉字，学生读。

2. 利用合体字的形旁，从语义上帮助学生区分。

例：谈—淡

教学步骤：

   （1）学生观察两个字的形旁，一个是"讠"，一个是"氵"。
   （2）提问学生"讠"、"氵"通常表示什么意思？答案："讠"表示语言，"氵"表示水。
   （3）提问学生哪个字应该是谈话的"谈"，哪个字是味道很淡的"淡"。
   （4）做区别性练习：选一字填空。如：他们正在____话；这杯咖啡很____。

3. 利用汉字的构词，提高学生辨字能力。

例：这—还

教学步骤：

   （1）学生朗读以下两组词语：第一遍纵向朗读，第二遍横向朗读。

这个人	还想
这本书	还去
这张床	还累
这一天	还想买
这两年	还要看

   （2）学生选择用"这""还"填空，以了解是否掌握了这两个单音节词的用法。

   如：_____位老师；_____疼；_____喝；_____个书包

   （3）学生朗读混合编排的词语：

   如：这两个星期；这双鞋；还想吃；这个手机；还要打球……

（六）谜语猜字法

这是一种激发学生汉字学习兴趣的方法。教学过程中只能偶尔使用，因为在初级阶段只有少数汉字可以编成字谜，谜面的语言学生要能听懂。在猜谜过程中教师应该适当启发，使学生最后能猜出来谜底的汉字，否则学生会产生挫败感，影响学生的积极性，适得其反。

例1：谜面：九十九（多一就成百）　谜底：白

例2：谜面：镜中人　　　谜底：入

例3：谜面：一边绿，一边红，一边喜雨，一边喜风。谜底：秋

以上介绍的是汉字识字教学的常见方法。而让学生练习认识汉字的最常用的方法是：

（一）朗读词语或短文

识字教学的最终目的是培养学生的阅读能力，所以识字训练不能脱离汉语的表意单位——词、语句、语段，而且在前面介绍的教学模式中要么是"先语后文"，要么是"语文一体"，通常不会有"先文后语"的教学模式。因为这是违反学生学习规律的。也就是说，教师要求学生识读的内容一定是在学生语言能力范围之内的或与课堂教学内容直接相关的。因此朗读生词和课文成为国内外汉语教学中训练学生识读汉字的必不可少的手段之一，因为学生对生词、课文意义的了解，以及他们所具备的与之相关的表达能力都对学生的汉字认读有相当大的辅助作用。特别是在国外汉语教学时数普遍不足的情况下，教师给学生布置课下朗读课文的作业并检查记录成绩，不失为一种提高学生识读汉字能力的有效方法。

（二）汉字游戏

用游戏手段训练学生识读汉字的方法多用于对海外中小学生的汉字教学中。孩子是在"玩"中成长的，也是在"玩"中开始认识世界的。让孩子以汉字作为玩具做游戏是近年来教育工作者的创新。

例1：拼字游戏

活动目的：通过拼字，使学生加深对汉字结构、部件和整字的认识。

活动做法：教师将学过的合体字拆分成部件，并制作卡片，学生像玩扑克牌一样轮流取卡，直至取完，然后一个学生先摆出一个汉字部件，其他学生用自己手中的部件与之组合成一个汉字，最后手中卡最少的人为胜。

例2：看谁先找到

　　活动目的：调动学生多感官识读汉字。

　　活动做法：教师制作一些汉字卡，分发给每个孩子几张。教师通过提问或用汉字组词、组句（其中缺少一个汉字）等方式，让学生在自己的卡片中找到一个汉字或者一个词，来回答教师的问题或完成组词、组句任务。最后看哪位同学找得又快又多。

例3：帮它找到家

　　活动目的：通过将词分类的方法使学生认识汉字词。

　　活动做法：教师给每个小组的学生发三个篮子，每个篮子里放同一类词的卡片，但三个篮子中分别有一张卡片为非同类，需要学生把它挑出来，放到其他篮子里，先完成的小组为胜。

例4：汉字数独（适合留作家庭作业）[1]

请带我们到这个地址。

	址		请		我	个		带
请		我				址	到	
到	带			个	地	这	我	
	请	个					带	
们	到		带					我
			到	们	请		个	址
个				请	带	我		
	我	请	个	这		到		
这		址	我		到	带		个

　　注：该游戏规则是：在9×9个格子里，已有若干汉字，其他宫位留白，学生需要自己按照逻辑推敲出剩下的空格里是什么汉字，使得每一行与每一列都有"请带我们到这个地址"9个汉字，每个小九宫格里也有这9个汉字，并且一个汉

1　王璟翎（2009），德国不同教学机构的汉语教学研究，《不同环境下的汉语教学探索——第五届对外汉语国际学术研讨会论文集》，外语教学与研究出版社。

字在每个行列及每个小九宫格里都只能出现一次。

（三）先听再读

这是一种无论对于儿童还是成人都非常适合的汉字认读方法。具体要求是所听内容语言精练标准、难度、长度适宜（学生能听懂），先让学生听，再跟着录音或 VCD 等说，最后只呈现汉字，让学生读出来。

关于汉字书写教学的原则及方法，我们归纳如下：

（一）汉字教学从笔画开始

汉字的构成可分为三个层次：笔画、部件、整字，三者的关系是笔画构成部件，部件结合构成整字，因此笔画是汉字构成最基本的单位。汉字教学也要遵循从易到难的学习规律，让学生循序渐进地掌握汉字的书写。汉字笔画教学应从"横、竖、撇、捺、点、提"六个基本笔画开始，教基本笔画时要注意强调汉字的书写规则。如写"横"时应该从左到右，不能从右往左；"竖"应该从上到下，而不能从下到上。每个笔画都应该逐一讲解，并让学生摹写练习，达到熟巧。接着教复合笔画的"折"和"钩"，"折"包括横折、竖折和撇折，"钩"包括竖钩、横沟、斜钩、弯钩、卧钩。在复合笔画教学中，笔画与笔画之间"凵""┐"的连接方式，按与基本笔画行走方向一致的规律教给学生。

（二）从基本笔画到独体字

独体字是由基本笔画组成的最小的汉字单位，学生要练习笔画之间的组合，首先要练习的是笔画简单的独体字。如练习笔画"横"时，用"一、二、三"为载体练习较为适宜，学生在书写三个数字的过程中，可以体会横的长短关系以及它们的空间位置；练习"横"与"竖"的搭配可用"十、工、王、上"等汉字；练习"撇""捺"用"人、八、个、父"等；练习"横折"用"口、日、月"等汉字。有些独体字会作为偏旁出现在合体字中，且有些独体字的构字能力很强，学生掌握这些字的正确书写方式将对他们的汉字书写练习起到事半功倍的作用。

（三）把汉字的笔顺规则教给学生

汉字的笔顺规则主要有：

先横后竖：十、土、士；

先撇后捺：八、人、父；

从上到下：三、六、只；

从左到右：什、叶、汁；

从外到内：同、问、历；

先里头后封口：回、因、园；

先中间后两边：小、办、示

在具体的汉字教学过程中，教师要通过具体汉字的摹写，向学生说明这些规则使用的条件是什么。笔顺是中国人长期书写汉字的经验总结。笔顺规则的约定是以方便快捷地书写为基础的，同时笔顺规则还必须兼顾方块内的空间分割及部件、笔画之间的平衡。可以说，掌握汉字书写的笔顺规则是提高书写速度、保证书写美观、正确的前提。总之，学习这些汉字的时候，应将它们的语音及语义教给学生，使他们在理解其音义的基础上摹写，这样一方面可以满足学生的求知欲，另一方面也能使学生产生更大的成就感。

（四）引导学生以部件组合的方式记忆和书写汉字

对外汉语教学界早已认识到汉字部件的数量有限。所有汉字都是由部件按照不同的组合方式建立起来的，同一个部件可反复出现在不同的汉字中，部件的数量必然少于汉字的总量，而且充当部件的字原来是有音有义的，它们对整字的写法或语音都可起到提示的作用。因此掌握了一定数量的部件及其位置关系，汉字的识记和书写就会容易得多。教学过程中教师要帮助学生分析合体字中的部件，引导学生识记汉字部件及其组合方式，如我们通常说的"木—子—李"、"弓—长—张"那样，笔画繁多的汉字被分解成相对简单的两部分，就会便于记忆和书写。教学实践证明，一个合体字与笔画相同的独体字相比，合体字更容易识记和书写。

（五）根据学生的书写错误有针对性地教学

学生在汉字书写过程中常会出现书写错误，主要有：笔画错误（多笔、少笔、变形）、结构错位、形近混淆、音同误代等类型。为避免或减少错误，在教学过程中，教师应有意识地利用各种方法帮助学生记住这些汉字正确的书写方法。首先要讲汉字笔形变化的规律，例如"土、王、子、工、牛、足、金"等独体字做左偏旁时，"横"变成"提"，"木、禾、米"等做左偏旁时，"捺"变为"点"，还有一些字做偏旁时，形体发生了趋于简化的形变，如：心（忄）、食（饣）、火（灬）等；其次，对于形近易混的汉字，用对比的方法使学生识记它们的差别，达到能正确书写的目的；再次是利用字理分析的方法，为学生提供记忆汉字字形的线索，如学生很容易将"臭"字下边的"犬"写成"大"，教师若能给学生分析"臭"表示气味，上边的"自"表示"鼻子"，下边为"犬"，意思是狗的鼻子很灵敏，能闻出气味，学生在书写时就不容易将"犬"写成"大"了。

练习汉字书写的方法基本有两大类：

（一）摹写

除了在课堂上教师分析汉字结构并示范笔画、笔顺，学生摹写的方法以外，对于海外的汉语学习者来说，利用汉字书写软件进行汉字书写练习可以少占用课堂教学时间。学生只要在电脑或手机上操作，就能跟随笔画向导，学习和体会汉字笔画的书写规范和汉字的笔顺规则，同时也可以学习汉字的发音；学生还可以在没有向导的提示下，独立完成汉字书写，汉字软件可自动纠错，帮助学习者掌握正确的汉字书写规则。

（二）听写

听写可分为检查预习听写与检查复习听写两类。前者通常只听写生词或重点生词，后者通常听写句子或小语段。以美国大学二年级教学设计为例，其新课教学进度为 周 课。其中周一、周二的第一项教学内容分别是：前后两部分课文内容的以句子和语段为单位的汉字听写考试及口语练习（10分钟）。其理由是，"为了准备一个5分钟的汉字听写考试，学生其实准备了听、说、读、写四种语言技能，要能听得懂、说得清楚、读得懂，也写得出来，否则是无法考好汉字听写的"。[1] 虽然我们认为这样的预习要求对大部分海外的汉语学习者来说很不容易做到，但听写的做法是有效的，因此我们提出检查预习，听写生词而不是句子的要求，具体做法如下：

第一遍：老师读生词或句子、语段，学生听。

第二遍：老师一边读，学生一边写。

第三遍：老师读，学生再检查自己写的是否有错误。

---

1 曾妙芬（2007），《推动专业化的 AP 中文教学——大学二年级中文教学成功模式之探讨与应用》，北京语言大学出版社。

附：

一、汉字认读练习方式：

1. 看图连词（课堂上）

　　注：这是最简单的认读方法，学生也比较感兴趣。教师可利用多媒体辅
　　　　助教学的手段，搜集一些合用的图片，然后把相关的词语放在一起
　　　　（根据学生的实际水平考虑是否给拼音）让学生连线。

2. 连词识字（课堂上）

　　如：朋　　医　　认　　漂
　　　　识　　院　　友　　亮

3. 组词接龙（课堂上）

　　注：用第一个词的最后一个字作为第二个词的开头，学生一边说，教师
　　　　一边写，然后学生认读。

　　如：早上→上午→午饭→饭馆……

4. 词语扩展（课堂上）

　　注：扩展是汉字认读的有效方法之一，扩展的过程既是复习以前学过的
　　　　汉字的过程，也是在已有知识的基础上扩大认读范围的过程，增加
　　　　了已有汉字的重现次数。

　　如：找
　　　　找朋友
　　　　找中国朋友
　　　　找一个中国朋友
　　　　找一个中国女朋友

5. 判断对错（课堂上）

　　注：教师板书含有书写错误的汉字词语（学生常见的错误书写形式）以
　　　　及正确的书写形式，让学生判断出正确的。

6. 句子认读练习

　　注：教师尽量选择或编写内容贴近学生生活或真实情况的句子。这样可
　　　　以大大提高学生的认读兴趣。

　　如：大卫（本班学生名字）最喜欢写汉字。
　　　　伦敦（学生所在城市）冬天一点儿也不冷。
　　　　……

7. 选择汉字或词语填空

　　注：根据需要，可用二选一或多选一的方式。

　　如：二选一：你_____什么呢？（我／找）

　　　　多选一：商店　认识　多少

　　（1）你_____他吗？

　　（2）今天下午我去_____。

　　（3）请问，这苹果_____钱一斤？

8. 词语归类

　　如：裤子

　　红

　　买

　　穿　　　　　　　　　　颜色：

　　黑色

　　衬衫　　　　　　　　　衣物：

　　黄

　　……　　　　　　　　　动作：

9. 给下列汉字或词语注音

　　如：休息（　　　　　）　中国（　　　　　　）

10. 朗读短文

　　注：内容为学生所熟悉的。

二、汉字书写练习方式：

1. 摹写笔画、汉字

2. 看拼音，写笔画、汉字或词语

　　如：héng（　　　）　　shù（　　　）　　piě（　　　）

　　　　diǎn（　　　）　　nà（　　　）　　tí（　　　）

　　　　gōngrén（　　　）　　dàifu（　　　）　　shàngwǔ（　　　）

3. 看图片写汉字或词语

4. 把英文翻译成汉语，并用汉字写出来

　　注：在海外的汉语教学中，教师可利用学生的母语使学生明白所要求写
　　　　出的汉语词语的意思。

如：small car（　　　　）

5. 写出含有下列笔画的汉字，越多越好

如：一（héng）：二、天……

6. 用汉字写出下面的数字

如：69（　　　　）

7. 给下列汉字添一笔，使它成为另一个字，写得越多越好

如：十→土

　　　大→

　　　白→

8. 给下列汉字添加笔画或偏旁，使它成为另一个字，写得越多越好

如：一 → 三、大、天……

9. 把所给的汉字写在下面相应的格子里

如：休、息、汉、字

10. 写出含有下列部件的汉字

如：艹：花、草……

　　　扌：

11. 写出符合下列结构的汉字

如：

□　国、因……

12. 给下列汉字组词

如：父（　　　　）

　　　每（　　　　）

13. 选字填空

好、个……

如：（1）我每天学习 10＿＿＿＿汉字。

　　　（2）今天天气很＿＿＿＿＿。

……

14. 根据拼音，写汉字，完成句子

    如：星期六我_____（xiǎng）去_____（kàn）电影。

15. 连线组字

    如：亻　　　工

    　　讠　　　尔

    　　纟　　　青

16. 填空并朗读

    如：大卫_____美国人，今年 22 岁，他是大_____生，他学习_____语。

    他喜欢_____篮球。

17. 找出错别字，并改正

    如：我的身休很好，你不用担心。（休→体）

18. 选字（形近字或同音字）填空

    如：这是_____的书包？（推／谁）

    　　今天的_____业很多。（作／做）

19. 听写生词或句子（课堂上）

第 ③ 节　怎么教词汇

一、初级综合课教学中词汇教学的目标

　　语音、词汇和语法是语言的三要素。其中语音是语言的物质外壳，语法是字组合成词、词组合成句、句组合成篇的规律和规则，而词是语句的基本建筑材料，它在表达思想、传递信息的过程中具有非常重要的作用。如果没有词汇，语音和语法将失去依托，也就无从谈起。因此在教学过程中应予以足够的重视。初级汉语综合课中的词汇教学主要指生词教学。初级阶段词汇教学的主要任务是要

求学生掌握一批最常用的词语的基本意义和主要用法。而具体到每一课的生词教学，其内容有：词语的音形义（包括文化意义），词语的用法（包括词语搭配及在句中使用的固定格式）以及词语的语素意义和构词方式。教师在给学生讲解词义、构词方式、用法时采用什么方法，让学生练习使用生词进行表达到什么程度等都应以词汇教学目标为依据。

初级综合课的生词教学首先要达到使学生准确理解词语的基本语义以及它在课文中的语义的目标；其次要让学生掌握词语的基本用法以及该词在课文中的用法；再次，要使学生达到能较为灵活地运用已知词语及生词表中的重点生词完成本课所涉及的功能项目的表达，并通过词语讲练加强学生通过语素义理解词义的学习策略。前两项目标是生词讲练的最低目标，即能为课文的处理服务，使学生能完成最基本的学习任务，而第三点是从满足学生用汉语表达需求的角度提出的目标。课堂上教师所有的教学活动都应围绕教学目标进行和安排。

二、词汇教学的基本过程

初级汉语词汇教学有两个基本任务：一是帮助学生吸收新词；二是帮助学生灵活运用词语表达自己。吸收是前提，灵活运用是目的。"词汇教学的中心不是解释词汇，而是通过有效的课堂活动，把刚刚学到的词汇及时地转化为学生的言语技能。"[1] 因此，词汇教学的基本过程应该是为实现词汇教学的最终目标服务的。教师要通过教学步骤的安排使学生从初识生词到能自如运用，也就是发展成学生的言语技能。初识生词是将生词呈现给学生，让学生掌握其字形、语音和意义，这需要教师领读生词，学生认读生词，同时根据生词表中的注释大致了解词语的意义。在生词教学中教会学生词语的用法才是关键，教师可通过各种手段使学生掌握该词语进入句子中的使用规则，并加以练习，同时使学生对词义的理解达到准确的程度。但词语教学的最终目的还是词语的技能化，我们可将其视为词语教学过程中最重要的一步，而它只有通过情景交际练习才能实现。由此可知，词汇教学的基本过程如右图所示：

生词的活用练习

↑

生词用法的讲解和练习

↑

生词的认读练习和讲解

1　姜丽萍（2008），《对外汉语教学论》，北京语言大学出版社。

生词教学具体教学步骤如下：

（一）预习生词

要求学生初步了解生词的音、形、义，并酌情要求学生能听写生词。

（二）听写生词

若预习环节要求学生听写生词，课堂上可用听写的手段检查学生预习生词的结果，并纠正学生的书写错误。

（三）认读生词

认读包括领读、齐读、点读（教师不按顺序点生词，学生齐读）、轮读（规定每个学生读几个生词，学生按座次轮流读）、个别点读（教师不按顺序点生词，单个学生读）等方式，目的是使学生认识汉字词语并掌握准确的发音。

（四）生词释义

生词教学过程中涉及释义，教师可根据词语不同的特点采取直观释义、直接讲解（用学生能理解的汉语讲解词义）、对比讲解（通过对比、分析相关词在语义、结构及语用方面的差异，使学生理解所学词语）、语素释义、利用近义词或反义词释义、例句释义、情景释义等方法使学生理解词语的意义。

（五）生词讲练

生词的讲练包括教师讲其用法以及指导学生练习使用。教师可采用仿照例子搭配词语、选词填空、限词问答、限词改说句子、学生接说教师的句子、学生按教师给出的情景说句子、情景交际等练习方式，使学生学会在实际交际中正确使用所学词语。我们认为有些词语的释义可融会用法的讲练一同进行，如：

例：越来越

教学步骤：

1.教师示例：

以前这里的天气不冷，现在天气冷了。→天气越来越冷了。

2.学生依据教师提供的语境，说句子：

教师：以前你们的汉语不太好，现在你们的汉语不错。

学生：我们的汉语越来越好。

……

由此可见，通过词语"越来越"的练习：教师设语境例示，学生依照例句，根据教师所给情景练习说句子，学生不但理解了词语意义，而且掌握了词语的用法。

三、词汇教学的基本要求

（一）词语释义要准确

说到对词语的释义，并非要求教师逐词进行解释，而是必要时可通过各种手段，如用实物或图片等直观的释义方法，或利用语境来解释词语等方法。无论教师采用哪种方法，对词义释义最基本的要求都是准确，否则会造成学生不能准确地表达自己，或使用不当等后果。例如学到"水果"这个词的时候，若用图片展示，则不能只用一种水果的图片代替，如苹果的图片，这样学生会误认为"水果"的语义就是"苹果"。又如，《速成汉语基础教程》第二册第十课的一段对话：

赵林：你现在住宾馆还是学校？

彼得：学校。

赵林：你自己住一个房间吗？

彼得：不，我跟一个朋友同居。

赵林：你跟你的女朋友住在一起？

彼得：你别误会，我跟一个日本男同学住在一起。

赵林：那叫"同住"或者"合住"，不说"同居"。

通过上边的一段对话，我们知道，彼得让赵林误会的原因是他错用了"同居"（现在通常指男女双方没有结婚而共同生活）一词来表达他与一个男同学合住一个房间的事实，造成这种误用可能是学生自学（查字典）来的，也可能是由于课堂上教师释义不准确造成的。词义的构成，可列成右图：

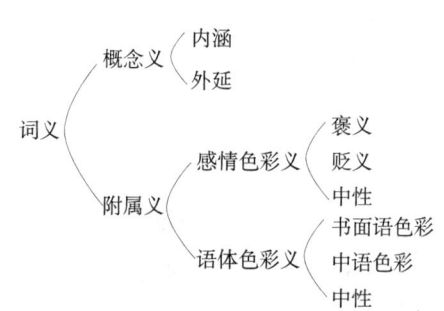

教师对一个词语进行讲解时可以参考词义的构成，在必要时选择性地用学生最

易理解的方式准确、贴切地释义。

（二）要讲明词语在句法和语用上的关键点

在作为第二语言的汉语教学中，要使学生掌握一个词语，特别是副词、介词、连词等虚词的用法，仅让学生准确理解词义是远远不够的，教师应在学生使用该词生成句子进行交际时易出现错误的关键点上下功夫。学生的错误可以分为两类：一类是句法错误，另一类是语用错误。教师应用恰当的手段使学生明确该词的用法及其语用条件，做到防微杜渐。下面举例进行说明：

例1：见面（动词）

教学步骤：

① 图片展示"见面"的语义；读生词。

见面 + 宾语
V.+N

② 教师领说：见面→我们见面了。→我们见了一次面。跟他们见面→我跟他们见面了。

③ 板书句式："×××[时间][地点] 跟 / 和 ××× 见面（了）。"

④ 领说：跟他见面→我跟他见面→我下午三点跟他见面→我下午三点在学校门口跟他见面

⑤ 教师给词组，学生说句子，进行机械练习，如老师说"跟老师见面"，要求学生说句子"我下午两点（在办公室）跟老师见面。"

⑥ 交际练习：板书：

A：我们现在一起去健身吧。

B：不行啊，我下午要跟李老师见面。

A：你几点跟李老师见面？

B：我们三点见面。

"见面"在生词表的词性一栏中被注明是动词，但它是区别于一般动词的离合词，即其内部结构为"动词＋名词"，因此，其后不能直接跟宾语，也就是说，不能说"我今天下午要见面我朋友"。而这正是学生常常出错的地方。在教学中教师应在学生使用前就告诉学生使用"见面"一词的句法要求，即用介词"和"或"跟"与"见面"的对象组成介词短语，放在动词的前面。这就是关于"见面"一词用法上的关键点，但课堂上不必说明得这么复杂，而需采取更直接的手段，如直接板书句式"×××[时间][地点]跟/和×××见面（了）。"然后配以练习，使学生达到自如运用的程度。

例2：还是（连词）

教学步骤：

① 教师用图片引导学生说短语：

 or  茶还是咖啡

 or  白色的大衣还是黑色的大衣

      ……   ……

② 板书：…+V.+O1 还是（V.）O2？

       …+ [time1] V. 还是 [time2] V. ？

       …+ [place1] V. 还是 [place2] V. ？

           ……

注意：问号强调"还是"用于问句中。"还是"不可用于表示选择关系的肯定句中。

③ 教师引导学生根据图片做问答练习：

教师：你要茶还是咖啡？

学生：我要咖啡。

学生A：你喜欢/买白色的大衣还是黑色的大衣？

学生B：我喜欢/买黑色的大衣。

         ……

由于"还是"被翻译成英语的"or"，且在英语中"or"既可用于疑问句，又可用于肯定句，而在汉语中表示两者间的选择关系的"还是"，只能用于询问，这便是"还是"用法上的关键点。若教师不加以强调，学生就容易将"还是"泛用到肯定句中，从而说出"我想当老师还是当记者"这样的错句。

（三）词语讲练应得法

在初级汉语教学阶段，由于学生掌握的词汇量、语言知识少，汉语的听说能力还很低，因此在词语教学中方法十分重要，既要简单、明了，又要便于学生掌握。我们知道，词汇教学的方法很多，教师如何选择主要受两方面因素的影响，一是看学生的接受取向和接受能力，二是根据词语的不同特点。比如，表示物质名称、颜色、数字等词语可采用图片展示或实物展示的方法，如指食品、饮料、服装、家具等物品的名词，用图片释义并练习掌握这些词语的音形义组合，既省时又简便；表示人体动作的动词，如吃、喝、拿、抬、举、走、踢等用肢体动作展示的方法；对于那些语素合成词，可用语素分析的方法；对于那些具有同义、反义或关联语义场的词语，可采用对比、联想的方法，等等。总之，我们主张在目的语环境下初级阶段的综合课教学中，教师尽量多用直观的释义方法，少用或不用直接翻译法；而在非目的语环境下，教师可用学生共同的母语对词义进行解释，但要注意尽量不用仅仅找一个对应词语翻译的方法，除非两个词语的语义，包括所指范围完全一致的情况。至于词语练习方式的选择，应以能使学生尽快掌握使用该词语的句法要求及语用要求，并能正确使用它进行交际为原则。无论教师采用词语扩展、限词问答、限词改说、限词完成句子、交际练习等形式中的哪一种，都要以达到词语教学目标为准。比如，学习生词"极了"，在了解"极了"的词义后，教师可先带领学生进行扩展练习："大极了—漂亮极了——好吃极了"，并指出"极了"用在形容词后边，然后学生接说句子，如教师说"大卫"（本班学生），学生接"高极了"，学生一起说："大卫高极了"，最后进行问答练习，如教师问："今天天气怎么样？"学生用"形容词＋极了"回答："今天天气好极了"等。经过这样三个步骤的练习，教学基本达到了使学生能用"极了"进行交际的目标。

（四）词语教学要适度

讲练生词除了要讲究方法以外，还要讲究适度。它表现在四个方面：

第一，表现在对词义义项讲解的适度。多义和单义是现代汉语最常见的一对词义现象。所谓多义现象，是指一个词包含两个以上义项，这几个义项往往是有联系的，也就是说它们存在着源流关系。而单义现象是指一个词只包含一个义项。现代汉语中单义词汇主要有两类，一类是常见事物的名称，如：饺子、鞋、手机、桌子等。另一类是科学术语和专有名称，如：汉语、拼音、血压、中国等。对于单义项词语，教学中教师不存在选择问题，但对于多义项词语，除了该词在本课课文中的义项之外，教师可根据学生水平择其常用义项进行讲解。比如，动词"打"，在《现代汉语词典》中有25个义项之多，但在初级汉语学习阶段，课文中出现的义项通常是"打人"中的"打"的义项："用手或器具撞击物体"（教师可用肢体动作释义）或"打篮球"中"打"的义项"做某种游戏"，教师可给学生补充介绍二者中课文以外的那个义项，至于"打交道"的"打"（语义：发生与人交涉的行为）或"打车票"的"打"（语义：买）等义项自不必向学生介绍。又如"生气"一词的两个义项："因不合心意而不愉快"和"生命力；活力"，显然前者是学生常用的义项，而后者则不是初级阶段学生常用的义项，因此不做介绍。

第二，表现在词语扩展上的适度。词语的扩展包括进入句子时与其他词语的搭配扩展，以及变换词语内部语素扩展出其他词语的语素扩展。这两种扩展在教学中都应注意适度。对词语搭配扩展的适度应以使学生能进行句子表达为准，但并非每个词语都扩展到句子，而要根据教学的需要选择扩展到词组还是扩展到句子。我们知道，词与词之间存在偏正（大城市）、动宾（参观博物馆）、动补（看见）、主谓（身体很好）等结构关系，通常前三种结构关系中所含的词语可扩展到词组一级，或包含与该词组关系密切的词语但成分更复杂的词组，比如：作为结果补语的"完"，教师可引导学生扩展出："吃完—看完—写完"等等，但"完"的语义通常与"实现"或"没实现"发生联系，因此可进一步引导学生扩展出："写完作业了—没写完作业"。学生通过这样的搭配扩展练习，就知道怎样在句子中使用该词语了。但涉及主谓结构的搭配则应扩展到句子，比如讲练"个子"一词，虽然它是名词，但因为说到"个子"一定会联系到它的高矮程度，而"低"也有与"高"相反的意思，学生很容易说出"她的个子很低"这样的错句。将它扩展为"个子很高—个子很矮"远比扩展为"她的个子—小张的个子"来得重要。可见，词语搭配扩展要依词语搭配的特殊性而定。

第三，表现在语素扩展上的适度。语素扩展应以语素使用频度与词语使用频度为扩展依据。汉语的词由字组成，常用字的数目不多，组成的词语却层出不穷。也就是说，一个语素可以与不同的语素结合成不同的词语。教学中教师可利用汉语词汇这一特点，将学生已知的语素字进行扩展，从而扩大学生的词汇量，比如，学习"商店"时，教师可利用学生已经学过的"书、饭、烤鸭、鞋"等语素将"商店"扩展为"书店、饭店、烤鸭店、鞋店"等词语。但对于含有学生未学过的语素字的词语，要以学生的表达需求为依据，如学习生词"同学"时，若学生是进修汉语的职场人士，教师应将扩展出的词语"同事"教给学生，以应学生表达之需。

第四，表现在练习量上的适度。现存大部分对外汉语教材中的生词表都是按照生词在课文中出现的顺序排列的，若从词的分类、是否常用或是否难掌握等角度看，则是没有规律的，所以需要教师将所有生词按是否为教学重点、是否为教学难点等标准进行分类，并施以不同程度的处理。

（五）结合语境进行词语练习

词语教学的第一步就是使学生能准确理解词义，而语境是词义诠释、理解的重要依据。语境指的是使用语言的环境，要想真正理解一种语言现象，就必须把它与所处的具体语言环境联系起来，才能体现出它特有的表达效果，也才能赋予其准确的意义。词义是其语境义的总和。不少词的静态意义往往不止一个，但到了具体的语境中，我们并不会产生理解上的困难，原因是语境的限制功能在发挥作用。不少多义词一旦进入具体语境中便呈现出单义性，因此教师可通过语境进行词义教学。只有将词语放在一个特定的语境中，学生才能体会并准确理解词义和掌握词语的用法，特别是利用语境帮助学生辨别词义上有细微差别的两个词。我们应该认识到这样一个事实：在一定的语境中，词汇的词典意义和语境意义是需要调整的，这种词汇的意义关系只有在语境中才能准确理解。比如"知道"和"认识"，虽然它们的英语对译词汇都是"know"，但在打听人或问路时，不能不加以区别。下面的语境背景就可以使准确的语义得到展现：

　　A：你认识张平老师吗？

　　B：我知道学校有一位张平老师，但我们没打过交道，我不认识他。

　　相信通过这个语境的限制，学生可以区分"知道"和"认识"两个动词的宾语是人时在语义上的不同。

　　除了词语的呈现和释义可结合语境之外，练习和检测阶段也离不开语境。教师应创设恰当的语境，让学生练习使用新词语进行交际，表达自己。创设情境应该注意实用性原则，也就是说，要贴近学生的生活，能满足学生的表达需求。比如对生词"心思"的讲练过程如下：[1]

---

[1]　莫丹（2010），《速成汉语基础教程》综合课本第5册，第8课教案，《对外汉语综合课优秀教案集》，崔希亮主编，北京语言大学出版社。

心思：常用于否定句和反问句，意思是因为某种原因不想做某事。

例句：我头疼得厉害，没有心思看书。

我头疼得厉害，哪儿有心思看书啊？

练习：教师说前半句，请学生说后半句：

锦龙请我晚上去唱卡拉 OK，可是我明天有重要的考试，——

女朋友回国了，——

妈妈来看你了，——

孩子病了，——

因为在课文中"心思"一词是用在反问句中，且"心思"一词也常常用于反问句中，因此教师用"教师说前半句，学生说后半句"的方式引导学生学会使用该词，教师说的前半句就相当于情境的铺设，学生在有情境的限定下都能正确地说出后半句，然后教师让学生再说一遍完整的句子。练习中教师创设的情境都是发生在学生身边的事情，学生很熟悉，便降低了难度，而且所练习的几个句子也是学生表达中最急需的内容。

（六）适时对易混淆词进行对比分析

词汇的学习过程是一个逐渐积累的过程，随着学生词汇量的逐渐增加，他们所遇到的语义相近或用法相近的词语就会越来越多，若查词典，学生会发现，母语对两个汉语词语的翻译完全一样，这样会使学生搞不清楚两个词语义或用法上的差别，因此教师应及时对易混淆的词语进行对比分析，通过练习使学生掌握。

所谓易混淆词是就外国人学习汉语而言的，它并非指词汇本体研究中的所谓近义词，而是指因为它们在语义或语用的某个层面上有一致的地方而使学生在使用中不能正确区分的词语，因此教学中教师给学生辨析的易混淆词语应该来源于学生，只要学生觉得易混淆，教师就应为学生辨析。引起学生混淆词义或用法的主要原因有：字典翻译相同，如：继续——接着（英语翻译：continue）、商量——讨论（英语翻译：discuss）等；词语中含有相同的语素，如：刚刚——刚才、表演——演出等；词语中的两个语素相同，但前后顺序不同，如：生产——产生、合适——适合等。了解了学生混淆词语的原因会帮助教师找准辨析的切入点，从利于学生分辨、使用的角度出发，从根本上帮助学生掌握词语用法。

词语辨析可以从语义、句法和语用三个层面进行，语义是词语产生差别的根源，语义差别有语义轻重上的差别，如：盛行——流行、著名——有名，也有语义侧重点不同的，如：结果——后果、嗜好——爱好，以及使用范围不同的，如：好处——优点、暖和——温暖等。句法要求上的差别有因词性不同而产生的，如：突然——忽然、但——却，也有因词语的内部结构产生差别的，如：帮助——帮忙、缺——缺乏等。语用层面上主要有语义背景上的不同，如：明明——明显、偏偏——恰巧，以及语体色彩上的差别，如由于——因为、如此——这样等[1]。教学过程中教师应对学生因易混淆而误用的词语进行积累，并适时地进行对比分析，只有这样学生才能在比较中辨明它们的用法。

四、常见词汇教学方法示例

（一）直接释义法

直接释义法就是教师通过图片、实物或人体动作等手段直接展示词语语义的方法。这种方法免去了教师的解释语言，可将词语的语义、语音及词语字形建立起直接的联系，具有生动、直观、易懂、省时等优点，是初级汉语教学阶段教师常用的方法之一。其中图片可以是单张图片或者是具有对比效果的图片。

例1：《发展汉语—初级汉语 上》第五课生词：米饭、馒头、面条等名词，教师可用图片或者实物，做看图说词语、认读汉字、看词语找图等练习。

例2：春天、夏天、秋天、冬天
　　　暖和、热、凉快、冷

教学步骤：

① 利用图片使学生理解"春天、夏天、秋天、冬天"以及通常用来形容这四个季节的"暖和、热、凉快、冷"的意义。

② 教师以提问方式引导学生说句子：

教师：春天天气怎么样？

学生：春天天气很暖和。

教师：夏天呢？

学生：夏天很热。

……

1　苏英霞（2010），汉语学习者易混淆虚词的辨析视角，《汉语学习》第2期。

教师：……国有几个季节？

学生：……

教师：每个季节的天气怎么样？

学生：……

例3：《速成汉语基础教程综合课本》（4）第二课的生词：上面、下面、左面、右面、前面、后面、里面、外面。

教学步骤：

① 教师用手势指示"前面、后面、左面、右面、上面、下面、里面、外面"。

② 教师说，学生指示。如："你前面、你后面、教室里面、教室外面、老师左面、老师右面……"

③ 用图示的方法说明这些方位词一方面指参照物前面的空间位置，一方面指参照物本身的前面的部分。如：教室图

教室里面◎的位置是老师，

可以说："老师在教室前面。"

教室外◎的位置也是"教室前面"，

可以说："教室前面有一辆汽车。"

（二）语素教学法

古代汉语的句子单位以单音节词为主，因此，在汉语中很多单个的字有其固定的意义。随着语言的发展，现代汉语中双音节词逐渐占据了主要地位，而这些双音节或者多音节词是由带有固定意义的字，即语素或者称词素组成。有些语素字的构词能力很强，也就是说，在一些词语中含有相同的字（语素），这是汉语词语的一大特点。在词语教学中，教师可充分利用词汇语义组合这一特点，分析字词关系，使学生了解了一个语素义后，也可以了解它在其他词语中的意义，达到帮助学生理解新词意义，聚合式、网络式地扩大词汇量的目的。

例1：售货员

教学步骤：

① 教师分析词素：售：卖

　　　　　　　　货：东西

　　　　　　　　员：……的人

② 教师启发学生说出该词词义：售货员：卖东西的人。

③ 教师检查学生对词义的理解，问：什么地方有售货员？

学生回答：商店。

④ 教师进一步引导学生：卖票的人应该叫什么？

学生答：售票员。

⑤ 若学生学过可与"员"组合成词语的语素词，可继续扩展出：运动员、演员等等。

例2：果汁

教学步骤：

① 教师给出如下图片，让学生说出哪些是水果，哪些是果汁：

之前学生应该学过"水果"这个词，学生的汉字知识可告诉他们"汁"字左边的"氵"表示"水"，因此"汁"应该与"水"有关，所以学生应该能猜出来这幅图片里有"果汁"。

② 教师引导学生理解"果汁"的含义：水果的汁儿。

③ 学生看图片说词语，然后教师写出汉字。

苹果汁	橙汁	草莓汁

④ 师生问答练习：

教师：你喝茶还是草莓汁？

学生：……

⑤ 学生间问答练习：

学生A：你喝啤酒还是苹果汁？

学生B：……

例 3：初

教学步骤：

① 教师释义，初：表示"开始的"。

② 教师引导学生说：

每个月开始的时候叫什么？ →月初

每年开始的时候叫什么？ →年初

③ 教师板书，示意"初"的位置。板书在黑板左侧一列。

    __初   初__

    月初   初冬

  8月初   初夏

    年初   初级

2013 年初   初学

              初恋（第一次恋爱）

④ 教师板书，示意"初"也可以在词首的位置。一边引导学生说词语，一边板书，板书在黑板右侧一列。

⑤ 将课文中出现的词语，比如"年初"融入句子练习：

教师：明年年初你要做什么？

学生：明年年初我要去中国。

（三）利用词的语义关系进行教学的方法

汉语的词汇不是杂乱无章的，词义的系统性和网络性是客观存在的。词义系统性的存在使得词与词之间可因某种关系而聚合成一组词，前边提到的语素教学法便是利用了合成词中的各类同素词而形成词族的关系进行教学的。除此之外，在语义关系中还包括同义关系、对义关系、并列关系、上下位关系、整体部分关系、等级关系、亲属关系、类属关系、源流关系、引申关系、联用关系等。而词与词之间的种种关系则会成为学生学习汉语词汇时产生联想的纽带。学生学习一个新的词语，教师可以利用词语之间的类聚关系，使学生联想出已经学过的相关词语，也可以借机为学生扩充未学但表达急需的一些词汇。比如，学生学习了"大"，就想知道"小"，学习了"好吃"就想知道"难吃"等等。这样做的好处是既能复现已经学过的词语，起到复习词语的作用，又能扩大学生词汇量，满足学生表达之需，从而大大提高教学效率。

例1：空调

教学步骤：

① 图片展示空调：

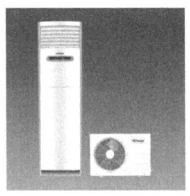

② 让学生说出已知的家用电器名称，"你还知道什么家用电器？"

　　学生可能会说出："电话""电视""电脑"等词语。

③ 扩充学生需要知道的新词语，用图片引导学习，如：冰箱、洗衣机、电扇等。

| 冰箱 | 洗衣机 | 电风扇 |

④ 学生练习使用这些词语：

　　教师：你的房间里有什么电器？

　　学生：……

例2：长短

教学步骤：

① 教师用提问的方式分析"长短"的结构：

　　教师：跟"长"意思相反的词是什么？

　　学生：短。

　　教师板书：长＋短（两个意思相反的形容词组合）→长短（名词）

② 词语扩展，学生跟老师说：

　　长短→这件衣服的长短→这件衣服的长短很合适

　　这条裤子的长短→这条裤子的长短不合适

③ 引导学生说出同样方法构词的词语，教师给出词语的首字，学生说词语，教师同时板书：

```
长 + 短→长短（n）
大    小→大小
胖    瘦→胖瘦（指人）
肥    瘦→肥瘦
高    矮→高矮
深    浅→深浅
咸    淡→咸淡
```

④ 教师设置情景，学生练习使用这些词语：

售货员（教师扮演）：先生，这件衣服怎么样？

顾   客（学生扮演）：这件衣服的长短合适，可肥瘦不合适，太瘦了。

售货员（教师扮演）：我再拿一件肥一点儿的。

例3：生词表中的生词：点、菜单、清炒西兰花、红烧牛肉、结账

教学步骤：

① 本课主题为"在饭馆吃饭"，教师串讲生词，同时补充一些词：

教师：在饭馆吃饭要先做什么？→点菜

点菜的时候要看什么？→看菜单

你先点什么？→饮料

然后点什么？→点菜

你点什么菜？→清炒西兰花和红烧牛肉

你知道的菜名有什么？→……

最后你点什么？→主食（补充词）

你知道的主食有什么？→米饭、饺子、面包……

吃饭需要用什么？→餐具（补充词）

常用的餐具有什么？→盘子、碗、勺子、叉子、筷子……

吃完饭要做什么？→结账

② 词语扩展到实用的句子，学生跟着说，如：

点→点菜→服务员，点菜

清炒西兰花、红烧牛肉→我要一个清炒西兰花和一个红烧牛肉

主食→你要什么主食

勺子→一个勺子→请再给我一个勺子

结账→服务员，请结账

......

例4：对英美国家学生的语素释义教学[1]：

冰箱

教学步骤：

① 教师给学生分析"冰箱"的结构是偏正结构——冰冻的箱子。

② 将语素"冰"和"箱"翻译成英语"ice"和"box"。

③ 将两个语素组合成"ice－box"，即"冰箱"。

注：因为"ice－box"在美式英语中本来就是"冰箱"的一种口语中非正式的表达，因而学生对于这种释义方式很容易把握和记忆。

（四）对比教学法

近义词是学生在汉语学习中的一个难点，它往往也是教学中的难点，对学生来说，近义词难在不了解它们在语义和用法上的细微差别；对教师而言，难在找准辨析的视角，告诉学生它们的差别到底在哪里。近义词之间的差别通常存在于以下几个方面：

1. 词义的范围不同，如：盘子——碟子（比盘子小）

2. 词义的侧重点不同，如：结果——后果，"结果"是中性的，"后果"侧重于不好的结果。

3. 搭配对象不同，如："采取"——"采纳"，都有"选取"的意思，二者搭配不同。"采取"强调的是"取用和实施"，搭配的对象常是"措施"、"行动"、"态度"、"方法"、"手段"等；"采纳"强调的是"接受"，搭配的对象常是"意见"、"主张"、"建议"等。

4. 词性不同，如："愿意"——"愿望"，"愿意"是动词，"愿望"是名词，因此它们可充当的句子成分不同。

5. 词语内部结构不同，如："相"——"互相"，"相"的后边往往跟单音节词，而"互相"后往往跟双音节词，如：相识；互相认识。

6. 适用的句类不同，如："从来"——"一直"，"从来"通常用于否定句，"一直"则无此限制。

7. 感情色彩不同，如："简洁"——"简陋"，"简洁"具有褒义，而"简陋"

---

1 张言（2012），浅析语素教学法在英美国家学生汉语词汇教学中的应用，《文学界》（理论版）第9期。

则是贬义。

8.语体色彩不同，如："老婆"——"妻子"，"老婆"用于口语中，"妻子"通常用于书面语体中。

在非目的语环境下的汉语词汇教学还应注意比较汉语词汇与学生母语词汇在语义、词语搭配以及用法上的不同，避免学生因不明两者之间的差别而产生误用。

例1：再——又

教学步骤：

① 教师释义，并说明两者之间的差别：两个词都可以表示动作重复或继续，它们的差别是："再"用于还没有发生的情况；"又"用于已经发生的情况。

② 学生做选择填空练习：

> 用"再"或者"又"填空：
>
> 1.上星期我看了那部电影，昨天我_____看了一遍。
>
> 2.我没听清楚，请你_____说一遍。
>
> 3.我的新手机很不错，我想_____买一个送给妹妹。
>
> 4.你怎么_____抽烟呀？
>
> 5.你要是_____不及格，就不能毕业了。

③ 教师给情景，学生说句子：

教师：你的咖啡不够甜，你说什么？

学生：我要再加一块糖。

教师：你没听清楚朋友的话，你怎么对他说？

学生：请你再说一遍。

教师：你让朋友再说一遍，朋友做什么了？

学生：他又说了一遍。

……

例2：趟（参见莫丹教案）[1]

教学步骤：

① PPT 或板书：趟：V.+ 一趟

去一趟 / 来一趟 / 回一趟

教师领说以上短语。

② 教师释义："趟"表示来回走动的次数，前面的动作一般是"来、去、跑、走、回"，和其他少数趋向动词（如：上、下）。

例句：我去了一趟保卫处。（课文中的句子）

请你来办公室一趟。

提问：11 月 9 号你们去哪儿了？

回答：我们去了一趟王府井。

③ 辨析"遍—次—趟"

遍—次—趟
遍：强调从开始到结束的全过程。 　　这封信他从头到尾看了两遍。次（×）趟（×）
次：强调次数。 　　她考过两次 HSK。 遍（×）趟（×） 　　他去过一次上海。
趟：强调来回的整个过程。 　　他去了一趟上海。遍（×）

例3：刚——刚才

教学步骤：

① 教师板书，同时辨析二者差异："刚"和"刚才"意思相近，但它们的词性不同，"刚"是副词，只能用在动词前，且动词后可以跟表示时量的词语，"刚才"不行，"刚才"是时间名词，可用在动词、形容词或主语前；"刚才"后可以跟否定词，"刚"不能跟否定词。

1　莫丹（2010），《速成汉语基础教程》综合课本第 5 册，第 8 课教案，《对外汉语综合课优秀教案集》，崔希亮主编，北京语言大学出版社。

刚—刚才	
刚：副词　　S(主语)+ 刚 +V.+（时量词语）。　　刚才（×）	
刚才：名词　　刚才 + S(主语)+V.+……。	
或：S(主语)+ 刚才 +V.+……。	
S(主语)+ 刚才 + 没 / 不 + V.+……　刚（×）	

② 学生做选择填空练习：

> 用"刚"或"刚才"填空：
>
> 大卫_____到中国就给妈妈打了个电话。
>
> _____我看见王老师了。
>
> 他_____走了一会儿，你就来了。
>
> _____的事儿我已经忘了。

例 4：针对韩国学生的词语比较教学

注：主要就汉语与韩国语易混淆词汇进行比较，如同形不同义的词语。

教学步骤：

① 教师强调两国语言中同形词在意义上的不同。如：

同形词	汉语义	韩国语义
看病	给人治病；就诊（动）	护理（名、动）
奇特	奇怪而特别（形）	（小孩）乖（形）（褒）
结实	坚固、健壮（形）	果实、成果（名）

② 用语境教学法，引导学生对汉语词语进行练习。

（五）词语扩展法

　　词语扩展法具有操练简便，又能直接展示词语搭配特点、在句子中的功能以及用法特点的优势，是在词语教学过程中使用最多的一种手段。通常的做法是教师扩展词语，学生跟说，必要时扩展到句子。词语扩展应注意扩展组块的语意完整性，并非完全按照线性粘接扩展，同时扩展练习还要体现词组的组合方式，句子格局等，使学生掌握词组和句子的构成规律。比如，教师要由生词"趟"扩展到课文中出现的句子"我去了一趟保卫处"。扩展顺序应该是：趟→一趟 / 两趟

→去了一趟→去了一趟保卫处→我去了一趟保卫处，若扩展顺序为：趟→一趟→一趟保卫处→去了一趟保卫处→我去了一趟保卫处，其中"一趟保卫处"没有体现出"一趟"作为动量补语修饰动词"去"的语法功能，学生就不能对"一趟"的用法有正确的认识。再如：由"找"扩展到词组"找一个中国朋友"。线性粘接的结果是："找→找一个→找一个中国→找一个中国朋友"。这样的扩展完全没有体现出词语之间的关系，给学生造成混乱，正确的扩展为："找→找朋友"→找一个朋友→找一个中国朋友"。此外，词语扩展还应注意使用已学过的词语，这样学生很容易理解记忆新词，而且无形中还帮助学生复习了很多旧词语。

例1：姜丽萍主编的《体验汉语基础教程》（上册）第八课[1]

来：来学生宿舍→来14号楼→来214房间→来友谊宾馆→来北京→明天来北京→明天我妈妈来北京

到：到学生宿舍→到14号楼→到214房间→到友谊宾馆→到上海→到北京→飞机几点到→飞机明天到→飞机明天下午到→飞机明天下午三点半到

例2：李晓琪主编的《博雅汉语—初级起步篇Ⅰ》第二十六课

排队：排了半个小时的队→排了一个小时的队→差不多排了半个小时的队（课文中的句子）→差不多排了半个小时的队才买到（学生实用的句子）

可能：可能去东北（课文中的句子）→可能去上海→可能去东北旅行（学生实用的句子）→可能明天去→可能下个周末去（课文中的句子）

例3：郭志良、杨惠元主编的《速成汉语基础教程综合课本》（2）第五课

朗读词语：

（1）　　　　进步　　　　　　　　兴趣

　　　　　　进步快　　　　　　　　有兴趣

　　　　　　进步很快　　　　　　　对经商有兴趣

　　　　　最近进步很快　　　　　　对经商没有兴趣

　　　　你最近进步很快　　　　　我对经商没有兴趣

1　姜丽萍（2008），《对外汉语教学论》，北京语言大学出版社。

（六）情境教学法

情境是语言交际的环境，也就是语言学中的语境。在前面"词语教学的基本要求"一部分中，我们已经提到结合语境进行词汇教学的问题，教师在词语教学中应充分认识到语境的重要性。一方面，它能用以解释较为抽象或不容易说明解释的词语，因为学生容易感知的语境可以使学生理解和体会词义，并掌握它的用法。另一方面，教师可以利用语境引导学生做半开放性的词语练习，使学生体会并在实践中掌握在真实交际中该词语的用法。教师设置语境时应注意一要为课文的理解服务，二要贴近学生的实际生活。其实，在实际教学中，教师通常使用的问答法、限词改句法、接说句子法、根据情景说句子等方法都属于情景教学法。教师除了用语言展示情景外，还可以用图片、动画、视频等多媒体技术手段展现情景。

例1：以为

教学步骤：

① 教师设置情境：

　　教师：上星期大卫没来上课，老师想他病了，老师想得对吗？

　　学生：不对，大卫有事。

　　教师：我可以说：我以为大卫病了。

② 教师再设置一个情境：给学生看自己和某人的一张合影。

　　教师：请你们猜猜他是谁？

　　学生：老师的朋友。

　　教师：不对。

　　你们可以说：我们以为他是老师的朋友。

③ 教师引导学生总结出"以为"的语义：

注意：情境的设置应该是学生亲历的事情。第一个情境的设置，老师应该先了解学生的情况，然后有意说出自己错误的判断；第二个同理，关键是判断结果的错误。

例2：果然

教学步骤：

① 教师释义：结果跟某人预想的一样。

② 设置情境练习：

情境：上星期我请大卫猜猜昨天的比赛结果，大卫说曼联队一定赢，结果昨天曼联队真的赢了。

→大卫说曼联队一定会赢，昨天曼联果然赢了。

情境：教师做"手里握着什么东西"状。

教师：你们猜老师手里有什么？

学生：什么都没有。

（教师张开手，结果什么都没有。）

学生：果然什么都没有。

例3：怪不得

教学步骤：

① 释义：知道原因后就不觉得奇怪了。

例句：A：老师，今天玛丽病了。

B:（已经知道了原因）怪不得玛丽今天没来上课。

② 完成情境对话：

A：马可的女朋友是中国人。

B：怪不得他汉语说得这么好。

A：玛丽最近正在减肥。

B：怪不得她每天都去健身房。

注意：学生通常搞不清楚"怪不得"后边跟原因还是结果，所以教师应强调"怪不得"后边跟"结果"。

例4：主要词汇：性格、开朗、心情[1]

注：该方法的使用前提是要求学生预习生词的音、形、义以及课文，并经过上课初始阶段的检查性听写考试。

教师：你的性格很开朗吗？

学生1：我的性格很开朗。

教师：他说他的性格怎么样？

学生2：他说他的性格很开朗。

教师：他的性格很开朗，你的性格呢？

学生3：一般……很开朗，有时候不开朗。

1　曾妙芬（2007），《推动专业化的 AP 中文教学——大学二年级中文教学成功模式之探讨与应用》，北京语言大学出版社。

教师：他说什么？

学生4：他说他的性格一般……"一般"是什么？

教师："一般"是什么？

几个学生：generally.

学生4：好，他的性格一般很开朗，可是有时候不开朗。

教师：一般很开朗，可是有时候不开朗。什么时候不开朗？

学生4：心情不好的时候。

教师：心情不好的时候不开朗。那你什么时候会心情不好？

学生5：考试考得不好的时候。

教师：还有呢？什么时候心情不好？

学生6：不高兴的时候。

教师：好，不高兴的时候。还有呢？

学生7：……

以上对话是围绕"性格"和"心情"两个相关的主题展开的。对话以老师的提问开头，学生回答，接着老师在学生回答的基础上，进而提出更深入、细致的问题来引导会话的内容方向。其实，教师的问题就是一种语境。教师通过问题控制学生回答的语句、用词等，达到使学生练习重点词语的目的。

（七）翻译法

翻译法就是用学生的母语解释词义的方法。该方法比较适合在非目的语环境下使用，而且多用于那些语义较抽象，用学生已知词语很难解释清楚的词语的解释。比如在初级阶段的生词"缺"（表示"缺少"的意思），若用学生知道的词解释，教师只能说"缺"的意思是"少"，但实际上这样的解释很不准确，会造成学生说出诸如"今天教室里的人很缺（应该用"少"）"这样的错句。这种情况下直接用学生母语翻译，效果更好。此外，对于外来词和意译词，用翻译法可以省去费时且效果未必理想的汉语解说，避免对学生正确理解词义造成干扰，使学生快速准确地理解词义。

例：

缺：lack；be short of

低碳：low-carbon

超市：supermarket

软件：software

白领：white collar

五、词汇教学应注意的问题

（一）词语释义要准确到位

词语释义的方法很多，但基本要求是对词义解释的准确性。有些老师常常用生词表中学生母语的注释给学生解释，这是不可取的。我们知道，汉语词语在词义上与学生母语为一一对应关系的词语少而又少，而且各语言中词语所负载的文化意义以及感情色彩等等都存在差异性。只是将汉语词语简单地用外语词语解释必定造成误导学生应用的后果，学生会误将该母语词语的语义及用法泛用到汉语中，如学生经常说出"他很短"或"他的个子很低"就不足为奇了。在词语教学中教师对词语的解释似是而非也是造成学生误用的根源之一。比如，教师若把"重新"解释为"再做一次"，学生就会说出"那家饭馆的菜很好吃，我想明天重新去吃"。但若为了解释准确，照搬中文词典上的解释，则有可能产生用生词解释生词的现象，结果事倍功半。所以解释生词的语言要简单、易懂，更要准确。

（二）闻语教学要重练轻讲

汉语教学是以交际为目的的，要培养学生的语言交际能力，必须通过练习来实现，学生只有在实践中才能逐渐摆脱由于母语影响而对汉语学习产生的负迁移作用，从而不断加深理解，做到准确理解其义，掌握其用法。因此，唯恐学生不懂，对词义及用法大讲特讲的做法是不会有好的教学效果的。况且，有些词语是根本不需要教师解释的，直接进入词语搭配练习或句子练习即可；即使需要教师讲解，也必须让学生通过实践内化知识，只有这样，学生才能知道该词语什么时候用，怎么用。

（三）应重视词语用法的教学

词语教学的最终目标是使学生能在交际中正确使用所授词语，也就是使学生掌握一个词语应该怎么用和什么时候用。怎么用关系到该词语进入句子时与其他词的搭配规则以及对句法、句式的要求等等。比如生词"请假"，它的语义很容易理解，学生知道意思，未必能把句子说对，在学生没有说出错句之前，教师应教给学生其常见搭配规则，由于"请假"与时间相关，教师应告诉学生"请（了）一天的假、请（了）一个星期的假"这样的说法。此外，它通常涉及请假的对象，所以"向某某请假"这种表达方式也要让学生了解，只有这样学生才能说出"我向老师请了两天的假"这样正确的句子；什么时候用关系到该词语的语用规则。比如"千万"的教学，教师一定让学生了解它一般在叮嘱他人事情的时候使用，否则，学生肯定用错。可见，教会学生如何使用一个词才是词语教学的关键。

第 ④ 节　怎么教语法

初级阶段的语法以基本句型为主，语法讲练的基本步骤一般包括导入、句型展示、讲解和操练、活用练习。有的语言点会涉及一些需要特别注意的事项，例如纠错、与易混语言点的辨析等。

一、语法的导入

大多数教师都很重视语法的导入环节，好的导入能起到画龙点睛的作用，能够吸引学生的注意力。根据语言点的不同，可以选择不同的导入方法。下面介绍几种常见的导入方法。

（一）实物法

根据语法点的需要，可以利用实物进行导入。比如，学习日期的表达时，教师可以在课前准备好一张日历，并用红色笔标示出一个日期。

上课导入的过程如下：

教师：（先将日历出示给学生看，然后问学生）这是什么？

学生：这是日历。

教师：这是哪一年的日历？

学生：这是 2013 年的日历。

教师：这是几月？

学生：这是 3 月。

教师：这个圆圈里的日期是几号？

学生：8 号。

教师板书：

3月　2013 MARCH

星期日 Sunday	星期一 Monday	星期二 Tuesday	星期三 Wednesday	星期四 Thursday	星期五 Friday	星期六 Saturday
					1	2
3	4	5	6	7	(8)	9
10	11	12	13	14	15	16
17	18	19	20	21	22	23
24	25	26	27	28	29	30
31						

> 2013 年 3 月 8 号 / 日
> 二零一三年三月八号 / 日

汉语里日期的表达采用从大到小的排列法。用上面的方法进行导入，加上板书，让学生从一开始接触日期，就能从教师的导入过程了解到汉语时间表达从大到小的顺序规则。

再比如，讲授汉语钱数的表达时也可以利用实物导入。事先准备好各种面值的人民币，上课时可以这样导入：

教师：（出示面值 100 元的人民币）你们看，这是什么？（学生一定眼前一亮）

学生：这是钱。

教师：对，这是中国的人民币。你们知道这是多少钱吗？

学生：不知道。

教师：这是 100 元。你们想知道中国一共有多少钱吗？

学生：想。

……（教师可以按面值大小依次展示给学生）

（二）复习法

如果将要学习的新语法点和已经学过的某个旧语法点有联系，可以采用复习法来导入。比如，汉语中表示比较的句子有很多种，用"比"的比较句通常分两个阶段来学习，一般先学习的句子格式为：A+ 比 +B+ 形容词。（例句：他比我高。）以后学习其他用"比"的比较句时，都可以从复习句子格式"A+ 比 +B+ 形容词"入手。拿格式"A+ 比 +B+ 更 / 还 + 形容词"来说，可以这样导入：

教师：（对全班同学）你们觉得玛丽高吗？

学生：玛丽很高。

教师：那你们说老师高不高？

学生：老师不高。

教师：请你们用"比"说一个句子。

　　　你们说，玛丽高还是老师高？

学生：玛丽比老师高。

教师：（再找一个比玛丽高的同学）艾米高不高？

学生：艾米很高。

教师：玛丽很高，艾米也很高。那艾米和玛丽比，谁高呢？（用"比"说句子）

学生：艾米比玛丽高。

教师：对。这时候我们还可以说：艾米比玛丽更 / 还高。

这样导入，不仅能够建立起新旧语法之间的联系，而且体现出了二者在使用上的差别。

再比如，汉语有几种表示存在的句子，"方位词语 + 有 + 名词"和"方位词语 +V 着 + 名词"就是其中的两种，一般先学习前者，学习后者时可以通过复习前者来引入。导入时教师可以利用教室里的资源。如果教室的墙上挂着地图，教师可在桌子上也放一张地图，可以这样导入：

教师：（面对全体同学）你们看，咱们教室的墙上有什么？

学生：墙上有一张地图。

教师：对。桌子上有什么？

学生：桌子上也有一张地图。

教师：这两张地图一样吗？（教师边问边用手比划，一张挂着，一张平放）

学生：不一样。

教师：用汉语怎么说呢？可以说：墙上挂着一张地图，桌子上放着一张地图。

然后板书句子格式：

方位词语 +V 着 + 名词

墙上　　挂着　一张地图。

桌子上　放着　一张地图。

黑板上　写着　很多汉字。

（三）直接体验法

教师利用教室里的物品来导入语言点，或者让学生直接参与语法的导入过程。比如，学习"A+ 比 +B+ 形容词"这一句子格式时，就可以让学生直接参与到导入过程中。

教师：今天我们学习"比"的句子。

（找一个比自己高的学生）×× 同学，请你到前边来一下。

（学生到教室前边以后，对全体同学）你们看，老师高还是 ×× 同学高？

学生：×× 同学高。

教师：那用"比"怎么说呢？可以说：×× 同学比老师高。

板书句子格式：

A ＋ 比 ＋ B ＋ 形容词

玛丽 比　老师　高。

今天 比　昨天　凉快。

"把"字句向来是教学中的难点，在初级阶段教授"把"字句时，如果设计适当的情境，让学生参与导入过程，会大大降低难度。常用的几种"把"字句的导入都可变得更具体。例如，在学习"……把 + 名词 + 动词 + 结果补语"这一格式时，可以这样导入，教师先在黑板上乱写乱画一些东西，然后问学生：

教师：你们看，黑板干净吗？

学生：不干净。

教师：×× 同学，请你到前边来擦一下黑板。

　　　（学生擦完黑板）

教师：现在呢？现在黑板干净吗？

学生：现在黑板很干净。

教师：用"把"怎么说呢？可以说：×× 同学把黑板擦干净了。

板书句子格式：

"……把＋名词＋动词＋结果补语"

玛丽　把　黑板　擦　干净了。

我妹妹把　我的电脑弄　坏了。

在学习"……把＋名词＋（动词）给……"这一格式时，可以设计一个跟学生借东西的情境，比如：

教师：今天我忘了带红笔，××同学，你有红笔吗？

学生：有。

教师：我可以用一下吗？

学生：没问题，给您。（学生动作：给教师一支笔）

教师：（对全班）××同学刚才做什么了？用"把"怎么说？

学生：××同学把笔借给老师了。

板书句子格式：

　　……把＋名词＋（动词）给……

　　请你　把　这本书　　　给　王老师。

　　我　　把　钱　　　　　交给了售货员。

（四）图片法

根据语法点的需要，选择合适的图片导入，不仅可以引导学生积极思考，而且还能给学生留下深刻的印象。比如，学习形容词谓语句时，可以选择一些图片展示给学生：

教师：这是我妹妹的照片，你们觉得她怎么样？

学生：她很漂亮。

教师：这是我弟弟，他长得怎么样？

学生：他很帅。

板书句子格式：

主语　＋　程度副词＋形容词

我妹妹　　很　　　　漂亮。

今天天气　很　　　　好。

北京　　　很　　　　大。

（五）动画法

有的语法点，特别是具有动态特征的语法点，如果采用静态的方法来讲解，学生理解起来较为困难，采用动画法，不仅生动活泼，而且能够降低语法点的难度。比如，复合趋向补语，不仅体现趋向特征，更强调趋向补语前边动词的动态特征。如果利用视频动画，能将动词的动态特征生动地体现出来，例如：视频展示一只可爱的小猫爬上了一棵树，可以引出句子"小猫爬上树去了"。下面是几个比较适合做成动画的句子：我看见她跑上楼去了。/ 他从书包里拿出来一本书。/ 桥上走过来一个老人。/ 下课了，他把书装进书包，站起来，跑出了教室。又如，"越来越……/ 越……越……"这两个句子格式，都体现了一种渐变的动态过程，利用动画，可以将本来显得抽象的语法形象化，例如，雨越下越大。/ 他越吃越胖。/ 风筝越飞越高。再比如，含有结果补语的句子，不仅要体现动作本身，还要体现动作的结果。利用动画可以很好地将二者有机地融合起来。例如，"衣服洗干净了"，动画中可以先展示一件脏衣服，然后是一个人在洗衣服，最后显示一件干净衣服。通过"脏衣服——洗衣服——干净衣服"这三个环节，就可以很自然地导出目标语法句"衣服洗干净了"。

二、语法的讲解

汉语教学一直讲究精讲多练，语法教学环节也不例外。作为教师，不仅要知道"讲什么"，还要知道"怎么讲"。教外国学生语法，要讲清楚两个问题，一是语法点的含义以及各句子成分之间的语义关系，二是什么时候用这样的句子，使用的时机、对象、情况都是需要考虑的因素。

（一）语法教学讲什么

从大的方面来说，毫无疑问，只要是学生没有学过的语法，都是教师应该讲授的内容。但是，就单个语法点来说，哪些内容需要讲，则要根据语法点的难易程度和学生的母语背景来确定。比如，形容词谓语句（中国菜很好吃），这个语法难度并不算大，可是初学汉语的学生，很容易忽略形容词前边的程度副词，在非对比的情况下说出"中国菜好吃"这样的句子。这里，形容词前边一般有一个程度副词，就是需要特别讲解的内容，教师强调了，学生才能记住，如果不特别讲解，他们会多次犯同样的错误。有的语法点，具体讲什么则要根据学生的情况而定。汉语的语序向来被认为是难点，但不是所有词的语序都难。比如，"主语＋动词＋宾语"的语序，汉语和英语是一致的，对母语为英语的学生，不需要讲太多，点到即可。而时间词语、地点词语在句子中的位置，由于汉语和英语不同，学生很容易出错，需要教师特别强调。有的语法难在结构上，而有的语法难在用法上，学生经常会问"什么时候用这样的句子？"用法讲解是语法教学中非常重要的一部分。学习一个语法点，学生只掌握它的句子格式是远远不够的，只有了解语法的使用情况，才算真正学会了某个语法。比如，反问句，在很多情况下，语气很强，使用时要看说话对象，一般来说，"下级"对"上级"不宜使用反问句。假设班里学生 A 没来上课，教师问学生 B，"B 同学，A 同学今天为什么没来上课？"如果 B 同学回答"我怎么知道？"，教师听了一定会觉得很不舒服。

（二）讲语法的时机

语法点作为课堂教学的一个重要环节，一般情况下，在讲练课文之前进行。不过，有的语法点对上下文、语境的依赖性较强，或者是感情色彩较浓的表达方式，如果脱离语言环境，单独拿出来讲，学生理解起来会比较困难，这样的语法点在处理课文时讲解更合适。拿反问句来说，当反问句中有否定词时，表达肯定的意思，没有否定词时表达否定的意思。如《速成汉语基础教程·综合课本 7》有这样一个句子，"哦，你还有回来早的时候？"，此句可理解为"你没有回来早的时候"或者"你每天都回来得很晚"。这个反问句出现的情境是，丈夫每天下班都回家很晚，可是今天回来得比较早，妻子感到很奇怪，用反问句不仅表达了这种意外，而且也传达出她对丈夫平时回家晚感到不满意，有埋怨的意味。和非反问句相比，反问句除了表达基本意思以外，传达出更多的情感成分，语气较强，对说话人的身份有一定的限制。如果没有上下文，这些信息则无法传达。

又如，《速成汉语基础教程·综合课本 3》有这样几句对话：

王欢：这袜子多少钱一双？

小贩：12 块，多便宜！

王欢：一点儿不便宜。

小贩：瞧你说的，这些都是法国进口的高级丝袜。你瞧，这商标上全是外国字儿。

王欢：得了吧！这是汉语拼音。

小贩：是吗？你说给多少？

……

对话中"瞧你说的"和"得了吧"两个句子的语气明显不同，对说话者的身份有较强的选择性，在课文中讲解较为方便。

（三）怎么讲语法

留学生学习语法的目的是为了学会用汉语表达，怎么将词语组装成合乎语法并满足表达需要的句子，就是不仅要把句子说正确，还要说得确切。通过设置情境、利用例句讲解语法，是最直观有效的办法，理论阐释和大量的语法术语不具有可操作性，对留学生用处不大，在教学中应尽量避免。下面介绍几种常用的讲解语法的方法。

1. 例句法

有的语法点比较容易，用不着过多解释，举几个例子，学生就很容易理解。比如表达距离的格式"A 点 + 离 +B 点 + 远 / 近"，只要教师说出几个例句"宿舍离教室很近""我家离学校很远"等，学生就能明白怎么用了。

2. 总结归纳法

教师要讲某个语法点时，先找几个典型的例句或短语写在黑板上，启发学生自己发现有规律性的东西，教师再归纳出目标语法点。比如，复合趋向补语和处所宾语的语序，学生很容易出错，是语法教学中需要特别指出的内容。在讲解之前，教师不妨先板书几个带复合趋向补语和处所宾语的短语：

跑　上　楼　　去

跑　进　教室　来

走　回　家　　去

带　回　国　　去

教师可以先问学生这几个短语有什么共同点，学生会发现动词后边都有复合趋向补语，也都有宾语；再问学生宾语有什么特点，学生会发现它们都表示地方，也就是处所；教师再问这些处所词语都放在哪儿了，学生会发现放在复合趋向补语中间了。通过例子和提问，把学生一步一步地带到目标语法点，这比直接告诉学生处所宾语要放在复合趋向补语中间更有效。

3. 板书对比法

有些易混语法点，一般采用对比法讲解二者的异同。如果同时辅之以板书，标出对错，会给学生留下更深刻的印象，教学效果更好。比如，"也"和"还"的用法，有同也有异，可用下列句子进行对比讲解：

（1）他有一个哥哥，也有一个妹妹。（√）

（2）他有一个哥哥，还有一个妹妹。（√）

（3）他有一个哥哥，我也有一个哥哥。（√）

（4）他有一个哥哥，我还有一个哥哥。（×）

通过板书对比可以看出，句子（1）和（2）都只有一个主语，谓语部分都是这一主语所具有的，可以用"也"，也可以用"还"；句子（3）和（4）是主语不同，谓语部分相同，只能用"也"，不能用"还"。

又如，"了"也是一大语法难点，初级班的学生对于"了"在句子中的位置经常存在疑问，他们弄不清楚到底什么时候放在动词后边，什么时候放在句子末尾。这就需要教师告诉学生"了"的用法中句子形式上的一些标志，也可以用板书对比法进行讲解：

（1）昨天我去<u>商店</u>了。

（2）昨天我买了<u>一件漂亮衣服</u>。

（3）昨天我买了<u>很多水果</u>。

（4）昨天我买了<u>香蕉、橘子和苹果</u>。

从例句可以看出，句子（1）中的宾语"商店"是单个的名词，这时"了"放在句子末尾（"了"放在动词"去"后边不是不行，但一般表示句子还没完，后边应该有其他句子）。句子（2）和（3），宾语名词前边都有修饰限定成分，"了"放在动词后边；句子（4）中的宾语为三个并列词语，"了"放在动词后边。通过对比，学生在使用"了"时就很容易操作了。

4. 翻译法

翻译法就是用学生的母语来解释汉语的语法点，翻译法的好处是简单便利。但要注意几个方面的条件，一是学生的母语情况，如果学生是同一母语的，或者都熟知同一种语言，可以使用；二是所要讲解的语法点跟学生母语中的语法现象存在着对应关系；三是如果用汉语讲解，讲解语言超出学生的理解程度，同时又难以找到合适的其他讲解的方法。比如，学习"正在／在＋动词"时，如果告诉初级班的学生这个结构表示"动作行为的进行"，学生肯定听不懂，因为"动作""行为""进行"对他们来说都是生词。假设学生的母语都是英语，或者都能很好地理解英语，教师便可以用英语来解释："some action be in progress"，简单明了，一句话就能解决问题。

5.汉外对比法

初学汉语的学习者，在用汉语表达时，经常因套用自己母语的句子结构而出现偏误。汉语和其他语言在语法方面存在着很多差异。拿语序来说，汉语和英语的基本语序是一样的，都是"SVO（主动宾）"型，但并不是没有差异。汉语主要靠语序和虚词来表示语法意义，语序在汉语中非常重要。在教学中，适时、适当地进行汉语语序和其他语言的对比，是一种有效的教学方式。通过对比，教师能明确学生学习中的难点，预测学生容易出错的地方，从而有针对性地安排教学，提高教学质量。通过两种语言的对比，学生能够弄清汉语语法的特点，从而更自觉地学习，避免母语负迁移的影响。例如，时间词语的排列顺序，汉语是按照从大到小的顺序排列，即"年——月——日"，英语是"月——日——年"。如"二零一二年七月一日"，英语为"July 1，2012"。对于时间点的表达，汉语也是采用从大到小的顺序，如"上午八点半""下午三点"，而英语正好相反，采用的是从小到大的排列方式，为"eight thirty in the morning""three o'clock in the afternoon"。在教学中进行对比，能帮助学生自觉地注意到汉英在时间表达上的差异。

在汉语中，介词结构常做状语，位于主要动词前边。而印欧语背景的学习者，由于受到母语的影响，在初级阶段经常把介词结构放在主要动词的后边。例如：

我想学习汉语在北京语言大学。——应为：我想在北京语言大学学习汉语。

我爸爸是一名律师在英国。——应为：我爸爸在英国是一名律师。

我用五分钟从宿舍到教室。——应为：我从宿舍到教室用五分钟。

以前我听说长城能看到从宇宙。——应为：以前我听说从宇宙能看到长城。

再比如，菲律宾学习者经常将时间状语放错位置。汉语中，时间状语可以位于句首，也可以位于主语后、动词前。菲律宾语的时间词可放在句首或句末。如"昨天我买鞋"，翻译成菲语是[1]：

K ahapon bum ili ako ng sapatos

　昨天　　买　　我　　鞋

Bum ili ako ng sapatos kahapon

　买　　我　　　鞋　　昨天

---

1 参见王文艺（2010），从语法偏误看华语教学中应注意的问题——以菲律宾华校学生作文为例，《浙江师范大学学报》（社会哲学版）第6期。

汉语中由介词"在、从、跟、为、给、为了"等构成的表示处所、起点、目的、对象等的介词短语,一般放在中心语前做状语。在菲语中,介词短语可放在句首,也可放在句末。如:"我在家学习"菲语为:

Nagaral ako sa bahay

学习 我 在家

Sa bahay ako nagaral

在 家 我 学习

介词短语"sa bahay"(在家)有两个位置,可放在句首,也可放在句末。

"为了我的父母,我要好好学习"菲语是:

Para sa a king m ga m agu lang kailangan m agaral akong m abuti

为了 我的 父母 要 学习 我 好

"Para sa a king m ga m agu lang"(为了我的父母)只能放在句首,不能放在句末。

又如,代词在句子中的位置,在汉英两种语言中有很大的不同。英语中,代词一般放在句子的最前面。而且需要特别注意的是:代词中的 all,neither,either,both 等特殊代词又总是放在其他代词之前。而汉语中却相反,通常要将"所有、全部"这样的代词放在其他代词之后。例如:

我所有的书都在这儿了。英语为:All my books are here.

我两个哥哥都从国外回来看我了。英语为:Both my brothers come to visit me from abroad.

三、语法的操练

学习语言不同于学习别的课程,尤其强调应用性,会用是最终目的。各项语言技能都是通过操练来获得的,语法同样如此。在教新语法点时,给学生讲解完以后,就要及时操练。操练能帮助学生更好地理解教师的讲解,在反复操练中获得语言技能。语法的操练有多种不同的方法。

(一)问答法

有些语法点在日常生活中使用率较高,或者跟学生的生活经历关系密切。操练这样的语法点,教师可以设计问题,通过教师提问,学生回答,让学生领会和掌握目标语法点的使用情况。比如，学习强调句"是……的"时，教师便可以根据学生的情况和经历设计各种问题，来操练"是……的"句强调的各个方面。例如：

教师：A 同学，你去过上海吗？

学生 A：我去过上海？

教师：你是什么时候去的？

学生 A：我是上个月去的。

教师：你一个人去的吗？

学生 A：我不是一个人去的，我跟 B 同学一起去的。

教师：B 同学，你们是怎么去的？

学生 B：我们是坐火车去的。

……

教师：C 同学，你的衣服很漂亮，在哪儿买的？

学生 C：在王府井买的。

教师：王府井的东西贵不贵？

学生 D：很贵。

教师：D 同学，你是怎么知道的？你去过吗？

学生 D：我没去过，是 C 同学告诉我的。

以上设计的问题都和学生的生活密切相关，这样就保证了学生有话可说，能够比较自然地回答问题，而且，该句式所强调的时间、处所、方式、来源等方面都操练到了。

再比如，在操练能愿动词"能"和"会"的区别时，就可以通过师生问答，让学生体会二者在用法上的区别。

教师：A 同学，你会游泳吗？

学生 A：我会游泳。

教师：你游得快不快？

学生 A：我觉得我游得很快。

教师：你一分钟能游多少米？

学生 A：我一分钟能游 50 米。

……

教师：B 同学，你会打字吗？

学生 B：我会打字。

教师：你一分钟能打多少字？

学生 B：我一分钟能打 80 个字。

教师：(对全体学生)B 同学打字打得快不快？

学生：他打得很快。

……

教师：王老师会不会开车？

学生：他会开车。

教师：昨天他的手受伤了，很厉害，今天他能开车吗？

学生：今天他不能开车。

……

教师：……同学，你会说英语吗？

学生：我会说英语。

教师：我们上汉语课的时候，能不能说英语？

学生：不能说英语。

以上的问答练习，涉及"会"和"能"的各种用法的区别。这比教师直接阐述显得更为具体，更易为学生所接受。

(二)替换法

教师先板书某种句子格式，并给出一个例句。要求学生用所给的词语替换句子的某个成分，通过替换练习，让学生掌握该句式。比如，学习情态补语时，先把句子格式写在黑板上，给出一个例句，然后给出动宾短语和补语部分，让学生进行替换练习。形式如下：

句子格式：主语 + 动宾短语 + 动词 + 补语

例句：麦克 打篮球 打得 很好。

　　　　　踢足球　　　　不错

　　　　　唱歌　　　　　很好听

　　　　　写汉字　　　　很漂亮

　　　　　说汉语　　　　很流利

　　　　　跳舞　　　　　不太好

再比如，学习存在句时，可进行如下替换练习：

句子格式：方位词语 + 有 + 名词性词语

例句：　　桌子上　　　有　　一本书。

　　　　　　房间里　　　　　　一张桌子

　　　　　　超市对面　　　　　一家电影院

　　　　　　银行旁边　　　　　一个书店

　　　　　　学校附近　　　　　很多商店

　　　　　　我家东边　　　　　一个公园

（三）改说句子

这里又分两种，一是变换句式，就是不同句式之间的互相变换。如主动句和被动句的变换，由"我朋友弄坏了我的手机"变换为"我的手机被我朋友弄坏了"；陈述句和反问句的变换，由"你是四川人，怎么不喜欢吃辣的"变换为"你不是四川人吗？怎么不喜欢吃辣的"，由"学生不应该不做作业"变换为"学生怎么能不做作业呢？"；一般疑问句和正反疑问句的变换，由"你喝可乐吗？"变换为"你喝不喝可乐？"

变换句式的操练是基于两种句式表达的基本意思相同，但并不是说两种句式的使用语境完全相同，这一点需要注意。

二是改写句子，是用目标语法点改写句子。有的基本不改变句子的意思，比如，同是比较句，用"不如"可以将"姐姐比妹妹高"改写为"妹妹不如姐姐高"。有的在改变句子结构的同时，也改变句子的意思。为了操练"了"的用法，可以要求将句子中的"明天"改成"昨天"，如将"我明天去颐和园"改写为"我昨天去颐和园了"；将"我明天去书店买一本词典"改写为"我昨天去书店买了一本词典"。

（四）看图说句子

给学生一幅图或者几幅图，让学生用目标语法点说出图中所表达的意思。图的选择要具有典型性，目的是在练习语法点的同时，给学生展示使用该语法点的常用情境。比如，在学习"时间词语 + 动词词组"时，图中可以用钟表来显示时间，同时画出一个人做的事情。根据图片可以说出"她7点起床"或"她7点半吃早饭"等。

利用看图说话进行操练，可以让学生说出一个句子，也可以说出一段话。比如，描写房间的摆设、人物的穿着打扮等，是动态助词"着"常用的两个情境，在学习"着"时，就可以给学生两个房间的图片，图中设置两个房间的一些不同点，如 A 房间的灯开着，B 房间的灯关着；A 房间的墙上挂着一张世界地图，B 房间的墙上挂着一张中国地图；A 房间的桌子上放着一台电视，B 房间的桌子上放着一台电脑，等等，让学生找出这些不同。

（五）根据提供的情境说句子

教师提供情境，让学生根据情境说出带有目标语法点的句子。比如：操练比较句时，可以设计情境：昨天的气温是 20 度，今天的气温是 25 度。让学生说出目标句：今天的气温比昨天高 5 度。根据情境"第一课有 15 个生词，第二课有 18 个生词"，说出目标句"第二课的生词比第一课多三个"。再比如，操练"……得 + 小句"这一补语形式时，可以提供情境"孩子看到妈妈下班回家，非常高兴，而且跳了起来"。让学生说出目标句"孩子高兴得跳了起来"。根据情境"听到我比赛得了第一名的消息，非常激动，而且哭了起来"，说出目标句"我激动得哭了起来"。根据"一班有 10 个学生，二班有 20 个学生"，说出目标句"二班的学生人数是一班的两倍"。

（六）完成句子或完成对话

让学生用目标语法点完成句子。可以给出前半句，让学生完成后半句。如：

我一回家就_____。

我一到电影院，电影就_____。

昨天你给我打电话的时候，我正在_____。

要是明天下雨，我们_____。

虽然学习很紧张，_____。

也可以给出后半句，让学生完成前半句。如：

_____，所以我没去。

_____，然后再看电视。

只要_____，我就去中国南方旅行。

也可以让学生完成对话。一般给出 A 句，让学生完成 B 句。如：

（1）A：听说玛丽在中国生活过三年。

B：_____。（怪不得）

（2）A：今天下午咱们一起去逛街，怎么样？

　　　　B：＿＿＿＿＿＿＿＿＿＿＿。（还是……吧）

（3）A：这些词你不是都学过了吗？

　　　　B：＿＿＿＿＿＿＿＿＿＿＿。（……是……，不过……）

（4）A：天气预报说，明天有五六级的大风。

　　　　B：＿＿＿＿＿＿＿＿＿＿＿。（看来）

（5）A：来中国留学有什么好处？

　　　　B：＿＿＿＿＿＿＿＿＿＿＿。（既……又……）

（七）句子成分排序

就是让学生将所给的词语排列成句。例如：

本 看 书 遍 我 三 这 过——这本书我看过三遍。

让 妈妈 抽烟 我 不——妈妈不让我抽烟。

网球 我 小时 打 两个 了——我打了两个小时网球。

出生 北京 在 是 的 我——我是在北京出生的。

看见 我 跑 楼 上 去 他 了——我看见他跑上楼去了。

四、怎么纠错

学生在学习汉语时，出错是难免的。作为汉语教师，当学生出错时，不仅要具有判断错误的能力，迅速做出反应，还要掌握纠错的艺术，起到帮助学生提高语言能力的作用。教师对学生在语法方面的常见错误要心中有数，以便在纠错时能够迅速找到适当的角度，抓住要害。那么，常见的语法错误有哪些呢？

（一）语序错误

例1：我看书在图书馆。

汉语中，处所状语要放在谓语前。句子应为：我在图书馆看书。

例2：在商店昨天我看见了玛丽。

这是时间状语和处所状语以及状语和主语的顺序问题。首先，处所状语应该位于主语之后，时间状语可以在主语之前，也可以在主语之后。如果时间状语和处所状语同时位于主语之后，时间状语应放在处所状语前。句子应改为：昨天我在商店看见了玛丽。或：我昨天在商店看见了玛丽。

例 3：都我们去过长城。

汉语中，"都"为副词，应该位于主语之后，谓语部分之前。句子应为：我们都去过长城。

例 4：我旅行去上海。

句子应为：我去上海旅行。结构"去……旅行"，体现了汉语语序的时间顺序原则。

例 5：我在桌子上放我的书。

汉语中的补语是教学中的难点之一。学生不容易分清楚状语和补语的差别。实际上，状语和补语都遵循了汉语语序的时间顺序原则。状语关注的是如何去做一件事，包括什么时间、在哪儿以及做事的方式，是在动作发生之前就已经确定的信息，体现在语序上，应该放在谓语部分前边。而补语关注的是动作本身或动作的结果如何，先有动作，后有对动作本身或动作结果的"评价"，体现在语序上，补语放在谓语动词后边。此句应改为：我把我的书放在桌子上。

（二）缺少句子成分

在自然表达中，句子的基本结构正确，但是缺少某个成分，特别是虚词成分容易被忽略，致使句子读起来不够自然。

例 1：今天天气好。

汉语中，形容词谓语句需要在形容词前加上"很""非常""特别"等程度副词。在不强调程度的情况下，形容词前一般用"很"，这时"很"表程度的意思相对虚化，主要起成句的作用。如果只说"今天天气好"，则暗含了比较的意思，在上下文中应该能找到比较的对象，可能是"今天天气好，昨天天气不好。"如果不表示比较，应该说"今天天气很好"。

例 2：A：我们班谁有词典？

　　　B：我们班每个人有词典。

答句中动词"有"前边缺少范围副词"都"。

（三）句子成分多余

例1：他比我很高。

这是"比"字句中表示程度的词语的使用错误问题。这种错误在初级学习者中很普遍。在此，教师应该向学生讲清楚"比"字句中可以用什么样的表示程度的词语，不能用什么样的表示程度的词语。"比"字句的句式为"A比B+形容词"，用来比较两种事物或两个人在某种性质上的差别。如果需要表示所差的程度，可以在形容词后加上"多了""得多""一点儿"，不能在形容词前加"很""非常""十分"等程度副词。句子应改为：他比我高。或者"他比我高多了"。

例2：中国有多少个人？

显然，这是量词使用不当的问题。汉语中，数词和名词之间要有量词，形成"数词＋量词＋名词"结构。询问数量时，可以用"多少"提问，也可以用"几"来提问。一般来讲，用"几"提问时，"几"的后面要有量词，用"多少"提问时，量词可有可无。如：

你家有几口人？……………………量词"口"是必需的

你们班有多少（个）人？……………量词"个"可有可无

需要提醒的是，当询问的数量很大时，一般不用量词。询问一个国家的人口数量，一般说"……有多少人"，如："中国有多少人？"

例3：我每天晚上做我的作业。

这个句子中"我的"是多余的，应该为"我每天晚上做作业"。"我的"作为定语，用来区别所修饰的名词的归属，说明是"我的"，而不是"你的"或"他的"，如"这是我的书，不是他的书。""我的笔是红的，他的笔是黑的。"例句中"我做作业"，按照一般逻辑，当然应该是做"我的作业"，而不是"别人的作业"。"我的"不必在语表上体现，直接说"我每天晚上做作业"就行了。

（四）句子逻辑错误

例1：A：你知道他是哪国人吗？

B：他不是中国人就是外国人。

B 句的表达是无效的。"不是……就是……"连接两个同质的并列成分，"中国人"和"外国人"在概念上不对等，"中国"是特定的国家，而"外国"却包括除中国以外的所有的国家，如果换成某个特定的国家，如"韩国"，说成"他不是中国人就是韩国人"，句子就没有问题了。

例 2：我买了苹果、橘子和很多水果。

"水果"和"苹果""橘子"在概念上是上下位的关系，词语不能并列。可以改成：

我买了苹果、橘子和香蕉。或：我买了苹果、橘子等很多水果。

（五）回避使用语法点导致的错误

就是该用的语法点学生不用。一般出现在常说的语法难点上。例如：

我放我的书在桌子上了。

显然，这里应该用"把"字句，说成"我把我的书放在桌子上了"。学生之所以学了"把"字句而不使用，是因为他们搞不清楚什么时候应该用。"把"字句向来是教学中的难点，这里的"难"不是指结构上，而是指用法上。学生难以掌握"把"字句的用法，因为受到研究的限制，可以说，目前还没有找到适合对外汉语教学中简明而又容易操作的解释。但在教学中我们又无法回避这个语法而不讲，遇到"把"字句时，教师也普遍感到为难。为此，我们可以使用变通的办法，遇到"把"字句的一种常见用法时，可以只就该种用法进行讲解。虽然从理论上不能概括全部，但学生学过一种用法就能掌握。此例就是"把"字句的常见用法之一。在告诉学生该句结构"主语＋把＋名词语＋动词＋在＋处所"的同时，告诉他们什么时候用这样的结构，即：当我们移动一个物品，需要说明动作以及动作后物品所在的处所时，要用"把"的这种句子结构。这比用传统的"处置性"的解释，效果要好得多。

第 ⑤ 节 怎么教课文

• •

课文在综合课教材中占有重要的地位，是教材最精华的部分，是在特定语境下语音、词汇、语法、功能以及文化因素的融合体。在课文中，语音进入了语流，词汇得以活用，句子进入了交际状态，静态的语言要素变为具有交际意义的话语。课文教学，或称课文处理，是综合课教学的一个重要环节，是对生词、语法的综合运用阶段，是帮助学习者培养语感、把新学的语言知识和技能转化为言语交际能力的过渡环节。

在综合课教学中，课文的处理在各个阶段都占有很大的比重。课文教学过程一般分为导入、讲练或操练、运用等步骤，遵循"控制——过渡——开放"的教学模式。

一、导入的方法

（一）利用前一环节的内容导入课文

初级汉语综合课的总体教学过程一般为"检查复习预习情况——处理生词——处理语法点——处理课文——归纳总结——布置作业"六大环节。在实际教学中，语法点和课文的处理顺序可根据教学内容而定。处理课文之前的环节是课文处理的准备和铺垫。导入课文时，可以利用前一环节的内容自然地引入课文。

1. 借助生词导入课文

例1：《汉语教程》第三册（上）第七十八课《受伤以后》。"伤"为本课生词之一，在扩展生词时，一般都会提到"受伤"。扩展完"受伤"以后，教师可以顺势用下面的话引入课文：这篇课文讲的是一个留学生受伤以后的事，那她是怎么受伤的，受伤以后别人又是怎么帮助她的呢？下面我们一起来看看。（进入课文处理环节）

例2：《速成汉语基础教程·综合课本》第二册第三课《我想预订房间》。其中

"预订"是生词。为了导入课文的方便，讲解生词时可以调整生词表的顺序，将"预订"安排在别的生词后进行扩展。扩展为"预订房间"时，教师可以和学生以问答方式转入课文：

　　教师：我们去旅行的时候，住在哪儿？

　　学生：住在宾馆。

　　教师：那我们去旅行以前，应该做什么？

　　学生：应该预订房间。

　　教师：对了。那预订房间的时候，该怎么说呢？我们一起来看课文。

（进入课文处理环节）

　　2. 借助语法点导入课文

　　例1:《速成汉语基础教程·综合课本》第五册第八课《我的自行车被人偷走了》。本课课文讲的是一个人遇到了倒霉事，语法之一是"有标志的被动句"。在语法教学环节的活用练习步骤，可以设计一个人倒霉的一天。如："早上，他想吃早饭，可是，他的早饭被同屋吃掉了；去学校的路上，书包让他忘在出租车上了；上午……；下午……；他下课以后去超市买东西，结果，钱包被小偷偷走了。"

　　做完语法活用练习之后，教师可以说："这个人很倒霉，今天我们要学的课文里，贝拉也是个倒霉蛋，她也丢了东西，我们来看看是怎么回事。"（进入课文处理环节）

　　例2:《成功之路 顺利篇》第二册第十六课《手里拿着红色的手机》。本课的语法点是动态助词"着"。在处理完生词以后，教师展示两幅图片，请学生用本课的语法点和生词对图片进行描述，分别介绍一下图片中男孩儿和女孩儿的样子。学生的目标句为：

　　她上身穿着一件T恤，下身穿着一条牛仔裤，头上戴着一个帽子，手里拿着一个手机。

　　他上身穿着一件毛衣，下身穿着一条牛仔裤，左手拿着一个手机，右手举着一张报纸。

　　学生说的目标句就是课文中带有本课语法点的句子。

（二）利用相关话题导入课文

　　《速成汉语基础教程·综合课本》第三册第二课《我最喜欢夏天》，是跟天气有关的话题。教师可以设置问题：北京一年有四个季节，春天、夏天、秋天和冬天。你最喜欢哪个季节？……金汉成是韩国人，一年四季中，你猜猜他最喜欢哪个季节？为什么？（进入课文处理环节）

（三）利用课文图片，介绍课文背景

《速成汉语基础教程·综合课本》第三册第二课《我最喜欢夏天》。课文为对话体，教师可以利用课文图片，介绍对话的背景：夏天，晚上9：00，在校园里，王才看见金汉成一个人在散步，就走了过去。你们想知道他们说了些什么吗？我们来看课文的对话。（进入课文处理环节）

（四）通过复习导入课文

如果课文较长，一次课处理不完，可以通过复习已经学完的部分导入将要学习的部分。比如，《速成汉语基础教程·综合课本》第五册第八课《我的自行车被人偷走了》。在学习后一部分课文时可以这样导入：

　　教师：昨天我们学了课文，贝拉很生气。

　　　　　贝拉的自行车怎么了？……

　　　　　她跟保卫处的人说了丢自行车的事了吗？……

　　　　　然后她去哪儿了？……

　　　　　王老师是怎么安慰她的？

　　学生：……他还要给贝拉讲一个故事。

　　教师：贝拉现在有没有心思听故事？……

　　　　　你们想不想听听这个故事？

　　学生：想。

　　（进入课文处理环节）

（五）利用动画导入课文

例：《成功之路 进步篇》第二册第十六课《喇叭盗窃案》。可以利用盗贼作案过程的动画，导入课文。在观看动画的同时，教师口述作案过程，并提醒学生注意时间、地点、被盗物品、作案细节。

二、课文的处理

导入课文以后，一般还有一个引出课文的过程。引出课文有时候采用听的方式，以训练学生的听力理解能力。比如，可以听课文的录音，无论是对话体还是叙述体课文，都可以采用这种方法。听一遍或两遍以后，教师就主要内容提问，以训练学生通过"听"来获取信息的能力，同时让学生对课文内容形成初步的概念。对叙述体课文，除了听录音以外，也可由教师口述课文内容。如果课文内容较难，也可以展示重点提示词，让学生看着提示词听教师口述课文内容，然后同样就课文主要内容提问。如果课文内容是一个过程性较强的事件，可以根据课文内容制作视频，在展示视频材料的同时，教师口述课文内容，然后提问。有时候采用读的方式引出课文。一般让学生看着文字材料，教师领读。

用听的方式引出课文，可以训练学生的听力理解能力，实现声音与意义的连接；用读的方式引出课文，可以训练学生的阅读理解能力，实现字形与意义的连接。两种方式训练的侧重点不同，教师在教学中应该根据学生的语言技能情况、课文内容和课文的体裁决定选用哪种方式。在一个教学周期中，比如一学期，这两种方式最好都能适当使用，以便让学生的听读能力得到均衡发展。

引出课文之后，就进入了课文的讲练或操练阶段。这是课文处理环节的重头戏。

（一）课文讲解

课文处理环节的讲解，主要针对学生有疑问的词语、句子、文化信息等，为学生理解课文扫除障碍，对语法教学环节没有涉及的语法点和重点句式进行操练，为随后的课文操练做好铺垫。

比如，课文中有这样一段对话：

金汉成：……你一来，我的病就好了一半。

贝　拉：是吗？我明天再来，你就全好了？

金汉成：对了，你找着辅导老师了没有？

贝　拉：找着了。

读完课文，教师问："明天金汉成的病就好了，对不对？"有学生说："对。"教师问："你是怎么知道的？"学生回答："是金汉成说的。"显然，学生在这里产生了两个误解。这时候，教师应该做引导性讲解：

教师：金汉成对贝拉说："你一来，我的病就好了一半。"是真的吗？

学生：不是真的。

教师：那他为什么这么说呢？

学生：因为贝拉来看他，他很高兴。他这么说，贝拉听了也会很高兴。

教师：对。那贝拉为什么说"我明天再来，你就全好了？"

学生：她在跟金汉成开玩笑。

教师：金汉成说"对了，你找着辅导老师了没有？"这里的"对了"是回答贝拉的问题吗？

学生：不知道。

教师："对了"在这里不是回答上文的问题，而是突然想起什么事要说，常用在对话中表示转换话题，或者提出话题。比如，两个人正在聊天儿，聊着聊着，A突然想起讲座的事，就会对B说："对了，明天下午有一个文化讲座，你想不想去听？"后边的谈话就围绕"讲座"展开。

再比如，课文中说：

一天，彼得和艾米两个人要进城买东西。他们在车站等了半个小时才来了一辆公共汽车。艾米看见车上人太多，想再等一辆。彼得说："别等了，下辆车可能更挤！"

他们好不容易挤上了车，站在车中间。……

这段话中，教师应该讲解"好不容易"的意思和用法。

教师："好不容易"是什么意思？

学生：很难，不容易。

教师：我们可以说"这个汉字很难"。我们能不能说"这个汉字好容易"

学生：能说。

教师：不能这么说。虽然"好不容易"的意思是"很难"，但是用法不一样。如果一件事做完了，但是在做的过程中付出了很大努力，或者做得很不顺利，这时候可以用"好不容易"。课文中，公共汽车里人很多，要想上车容易吗？

学生：不容易。

教师：那他们上去了吗？

学生：上去了。

教师：对了。这时候可以说：他们好不容易挤上了车。再比方说，你要和朋友一起去旅行，火车票很难买，你排了两个小时的队才买到，没想到的是，你朋友告诉你，他不想去旅行了。这时候我们可以说：我好不容易才买到火车票，你又不去了，你怎么不早说呀？

（二）课文操练

课文操练可以分为读和说两种形式。

1. 看着书"读"，包括教师领读和学生朗读。

（1）教师领读课文

在初级阶段，领读是非常必要的。学生在跟读的过程中，可以领会句子的节奏、韵律、重音和语调，加深对课文的理解。教师领读时应注意语速的调整变化，读第一遍时可慢一些，读第二遍时可适当加快，最后达到用自然语速来领读。不同的句子领读的遍数可以不同，长句难句可以多读，直到学生读顺了为止，简单的句子可以少读；使用频率高、扩展性强的句子可以多读，使用频率低、扩展性差的句子可以少读。领读应该照顾到全班同学，必要时也可以让单个学生跟读个别的句子。

（2）学生朗读课文

在教师领读的基础上，通过朗读，可以训练学生对汉语的语感。让学生朗读时，教师一定要根据学生的水平和课文内容提出明确的要求并进行监听，以便及时发现错误并予以纠正。朗读的方式很多，包括全体学生齐读、全体学生各自大声读、男生女生分角色朗读、学生分组分角色朗读等；也包括让单个学生朗读，或者接龙朗读，这样同时只有一个学生在读，更便于教师及时发现学生读错的地方，并帮助学生改正。

不管哪种形式的朗读，都是在朗读的同时，加深对课文的理解，并记忆课文。

2. 不看书"说"，包括跟着教师说、就课文内容提问、分组练习说、互相说给同桌听、复述。

（1）跟着教师说

脱离文字材料，让学生跟着教师说课文，训练学生减少对文字的依赖，以便让他们把刚刚学到的汉语知识尽快转化成交际技能。老师们都有这样的经验，有的学生看着书读课文，可以读得非常流利，一旦合上书，哪怕是跟着教师说，都会感到很吃力。"跟着教师说"的环节就是帮助学生做到同一个句子，不仅能流利地读出来，还要能流利地说出来，后者离实际运用才更近一步。

（2）就课文内容提问

可以问概括性的问题，也可以问细节性的问题，目的是检验学生对课文的理解情况以及他们能否说出课文的某些句子。可以是教师问，学生回答；可以让学生自由提问；也可以是学生之间互相问答。其中，第一种方式教师可以监控整个过程，用得最多；第二种方式次之；第三种方式在学生充分理解课文的情况下可以使用。例如，《成功之路　顺利篇》（2）第二十三课《我的车被撞坏了》，课文（二）"胡同一年比一年少了"原文如下：

安妮：大卫，你为什么对胡同这么感兴趣？

大卫：我看过一个电视节目，介绍了一些发生在胡同里的故事，我特别喜欢。

安妮：所以你来北京以后就到处找胡同看。

大卫：这只是原因之一，还有一个更重要的原因，就是胡同一年比一年少了，有些胡同现在不看，也许将来就看不到了。

安妮：为什么胡同一年比一年少了？

大卫：因为北京发展得很快，许多胡同都被拆掉了，变成了马路和高楼。

安妮：我觉得，胡同太窄了，周围的房子也很旧，不太适合现代化的北京。

大卫：虽然现在马路一年比一年宽，楼一座比一座漂亮，但是很多北京人对胡同还是有很深的感情。

安妮：为什么？

大卫：因为很多人是在胡同里长大的，胡同代表了老北京的文化和生活。

根据课文，可以提出这些问题：

大卫为什么对胡同感兴趣？

大卫经常去逛胡同的原因是什么？

为什么胡同一年比一年少了？

为什么安妮说胡同不太适合现代化的北京？

现在的北京是什么样的？

为什么很多老北京人对胡同有很深的感情？

这些问题基本包含了课文的主要内容。在问答过程中，一般学生都能听懂问题，但不一定能够顺利地说出答句，教师可以根据情况进行提示，引导学生说出句子，并再次带领全班同学说这个句子。通过问答，学生能够对课文内容更加熟悉，印象更为深刻。

（3）分组练习说、互相说给同桌听

根据课文特点和角色需要，将学生分成若干组来练习课文。如果是对话体课文，可以让学生在不看书的情况下分角色进行会话练习。练习中如果一个同学忘了，同组的其他同学应该给以提示；必要时可以看一下书或者问老师。如果时间允许，可以让学生互换角色再说一遍。

对叙述体课文，可以让学生互相说给同桌听，听的学生不只是被动地听，还要起到辅助的作用。如果说错了，听的学生要对其进行纠正；说的学生忘了，说不下去了，对方要给以提示，直到把要求的内容说完。然后互换角色，刚才听的学生再说一遍。

（4）复述

复述课文是最常用的语言训练方法之一，是要求学生在理解和记忆课文的基础上进行的。复述可以训练学生语言表达的连贯性、完整性，提高成段表达能力，培养学生的语感。复述是课文教学的重要步骤，在对外汉语课文教学中一直受到重视。复述可以是听后复述，也可以是读后复述。在要求学生复述之前，教师要做好铺垫工作，帮助学生为复述做好充分准备。在领读、领说之外，教师就课文内容逐句提问，让学生回答；或者帮助学生理清课文的脉络结构。具体训练时，根据课文内容的不同，可以要求学生进行不同形式的复述，如看着提示词复述、根据提示性问题复述、完全靠记忆复述、"改说"复述、看图复述、给课文视频配音等。

①看着提示词复述

教师将课文中具有提示作用的词语板书出来，其余部分用省略号来表示。如同给学生复述提供了一个框架，让学生在这个框架内进行复述。提示词可以是本课的重点生词、重点句子格式，也可以是具有衔接作用的连接词等。提示词的多少可以根据学生的水平而定，对于入门级的学生来说，给出的提示词可以多一些；随着学生水平的提高，给出的提示词可以适当减少。此方法对对话体课文和要求学生进行详细复述的叙述体课文较为适用。例如，《体验汉语 基础教程》（下）

第三十二课《寒假你有什么打算》，可以给出如下提示词：

人物（A 安德鲁；B 卡伦）

A：就要……了，……有……打算？

B：……还没……。……又……，又……。你呢？

A：我打算……。……想念……。

B：……。可是……更……。……那么多……，……还没……呢。

A：你都打算去哪儿？

B：……先……，再……，然后……，最后……。

A：这也太多了，……受不了吧？

B：主要是……，回来后……。

A：……别……了。寒假先……，暑假再……。

B：你说得对。我再……。

A：你最好……回到……，在……过春节。

对于汉语水平稍高的学生，提示词可以适当少给一些。比如，《发展汉语 初级汉语》（上）第十九课《送礼物》中对话 2，说的主要是中国人和外国人送礼物的习惯有什么不一样。原文是这样的：

马　　克：都说中国人喜欢送礼物，是这样吗？

李一民：是这样。中国人经常送礼物，比如：结婚、生日、节日要送礼物；平时去看朋友、同学、老师和长辈也要带一点儿礼物；有的人想请别人帮助办事，也要送礼物……

马　　克：中国人送礼物要送很多东西，要送很贵的东西。在我们那儿，礼物不一定很多，也不一定很贵，可以是一束花儿，可以是一瓶酒，可以是一盒巧克力，等等。

李一民：我觉得中国人也应该这样。

让学生复述本段时，可以给出如下提示词：

中国人……送礼物，比如……；平时……；有的人……中国人要送……的东西。在马克他们国家，礼物不一定……，也不一定……，可以……，可以……，可以……。

②根据提示性问题复述

教师可以根据课文内容提出若干问题，所提的问题应该能够涵盖课文的主要内容，将问题的答案串起来就是对课文的简要复述。例如，《发展汉语 初级汉语》

（上）第二十九课《第一场雪》课文原文如下：

……傍晚的时候，风停了，下雪了。

雪很大，很快地上就白了，树也白了，房子也白了。大雪下了一个晚上，今天早上，天晴了，太阳出来了。出门一看，雪真大呀！山上、树上、房子上、路上都是厚厚的一层雪，到处都是白色的。

大人、孩子都从家里出来了，马路边、公园里，到处都是玩儿雪的人。孩子们在雪地上堆了一个又一个雪人，年轻的人们互相扔雪球……

马路上，骑自行车的人少了，汽车也少了。警察说："一下雪，就麻烦了，汽车也不敢开了，只好慢慢地往前走，司机着急，我们也着急呀！"

根据原文，教师可以提炼出下列问题作为提示，让学生看着这些问题进行复述：

下雪以后景色有什么变化？

下雪以后人们做什么？

路上情况怎么样？

③完全靠记忆复述

在没有任何提示的情况下，让学生复述课文。这种复述完全依靠学生对课文的记忆，包括对课文主题、脉络结构、所用词语、语法和句子的记忆。需要注意的是，复述不同于背诵，背诵应该按照原文、一字不落地背出来。而复述允许学生在不偏离课文主题的前提下，重新组织课文语言或结构，说出课文主要内容，同时衔接自然。跟前两种方法相比，没有任何提示的复述难度更大，一般适合在复习环节使用。

④"改说"型复述

根据课文内容和教学的需要，有时候可以对课文进行"改说"。如将对话体课文改成叙述体，或者反过来，将叙述体改成对话体。可以用第三人称叙述，也可以用第一人称叙述。例如《速成汉语基础教程 综合课本3》第一课《咱们一点儿没耽误》的课文为对话体，课文（一）原文为：

（大内上子给方云天打电话）

大　　内：喂，是方云天吗？

方云天：是我，你哪位？

大　　内：看来我的发音还是不太好。

方云天：是大内吧？有事吗？

大　内：你喜欢看足球比赛吗？

方云天：喜欢，我是个足球迷。

大　内：有位朋友送我两张球票，我想请你跟我一起去。

方云天：哪两个队比赛？

大　内：中国队对日本队。

方云天：太好了！在哪儿比赛？

大　内：工人体育场，今天晚上7点20分。

方云天：你从哪儿走？

大　内：我从友谊宾馆走，坐出租车去。你呢？

方云天：我坐公共汽车。

大　内：下午公共汽车很挤，你得早点儿走。

方云天：放心吧，我6点半就走。

大　内：我在体育场门口等你。

方云天：好的。

用第三人称叙述如下：

有个朋友送给大内两张球票，大内想请方云天跟她一起去看球赛，所以大内给方云天打电话。在电话里，大内告诉方云天，球赛在工人体育场，中国队对日本队，今天晚上7点20分开始。方云天是个足球迷，他很高兴。他们说好在工人体育场门口见面。

用第一人称叙述如下：

有个朋友送给我两张球票，我想请我的同学方云天跟我一起去看球赛，所以我给方云天打电话。在电话里，我告诉方云天，球赛在工人体育场，中国队对日本队，今天晚上7点20分开始。方云天是个足球迷，他很高兴。我们说好在工人体育场门口见面。

⑤看图复述

教师展示体现课文内容的图片，可以是一张或数张。图片不仅可以增加趣味性，激发学生的学习热情，缓解疲劳，而且能让学生对所学内容进行强化记忆。为了让学生能够迅速将图片和课文内容联系起来，教师可用问题进行引导，提问时要考虑那些希望学生重点掌握的词语、语法点和句式。

例1：

《手里拿着红色的手机》(《成功之路·顺利篇2》第十六课) 这一课的情境是

在机场接人。由于两个人以前没见过面，两个人的外貌分别是什么样自然就成为这一场景下的重点信息。图片不仅要体现出在机场接人这一场景，而且两个人的外表特征要十分明显，应该做成彩色图片，这样，图片的提示功能更强，复述时更有据可依。

例2：

《我们家是四世同堂》（《速成汉语基础教程·综合课本4》第七课）课文（一）共涉及三个方面的内容，每个内容都配有插图，如果学生只看插图复述感到困难，可以配合提示性问题。例如，关于第一个内容提示"看到客人来了，赵林一家人怎么样？每个人分别做什么？"；第二个内容提示"赵林家住的是什么样的房子？房子的布局是什么样的？"；第三个内容提示"赵林家客厅里有什么？它们都放在哪儿了？图片结合提示性问题，复述起来就会比较自然、流畅。

⑥给课文视频配音

播放课文视频，但不播放声音，让学生跟随视频复述课文。目前的综合课教材一般没有视频材料，必要时教师可以自己制作视频。例如，《我上当了》（《速成汉语基础教程·综合课本3》第三课）课文（一）是王欢在自由市场买了一双袜子，课文（二）是王欢买完袜子回家以后跟妻子的对话，对话的同时伴随着一系列的动作，比较适合制作视频。视频可以尽显人物的表情，增强复述的真实感。

三、课文的活用

活用指的是运用课文的重点词语、重点句式、结构等所做的各种交际活动，是从课本到真实生活的过渡。教师需要设计接近实际的场景，给学生布置任务，学生在完成任务的过程中，逐步内化刚从课文中学到的词语、句式、结构等知识，在现实场景中运用这些知识做一次模拟演练。常见的课文活用方式有下列几种：

（一）角色扮演

模仿对话体课文结构，换成与课文不同的情境，让学生进行会话表演。例如，《速成汉语基础教程·综合课本3》第一课《咱们一点儿没耽误》，课文内容是打电话邀请朋友去看足球比赛，在运用阶段可以让学生扮演角色，打电话邀请朋友去看电影。示范如下：

A：喂，是 B（朋友的名字）吗？

B：是 A 吧？有事吗？

A：你喜欢看电影吗？

B：喜欢，我是个电影迷。

A：有位朋友送我两张电影票，我想请你一起去看。

B：什么电影？

A：……（电影的名字），中国的。

B：太好了！在哪儿？

A：……电影院。明天晚上 6 点半。

B：那我们什么时候、在哪儿见面？

A：明天晚上 6 点一刻，在电影院门口，行吗？

B：好的。

（二）介绍自己的情况，讲述个人经历

学习课文的目的是为了最终能表达自己，因此，学了某个话题之后，要尽量与学生的生活相结合。比如，学了介绍家人以后，可以让学生每人准备一张家人的照片，在课堂上把照片里的人介绍给大家，说明照片上都有谁、他们的年龄、住在哪儿、做什么工作等。学了课文里人物学习汉语的目的以后，就可以让学生说说他们自己为什么学习汉语。

也可以利用课文情境，让学生讲述自己的经历。如《有什么别有病》出现的是生病、看病的场景，课文中出现的主要生词有：头疼、咳嗽、嗓子、厉害、试表、打针、开（药）、中药、西药、按时等；主要语法点有：疑问代词的任指用法。学了这一课的课文以后，可以让学生讲述一次自己生病、看病的经历。示范如下：

早上起床以后我觉得很不舒服，头疼、咳嗽，嗓子疼得厉害，什么东西都不想吃。我去医院看病，大夫让我试了试表，体温 37 度 5，有点儿发烧。大夫说我感冒了，不用打针，吃点儿药就行了。他给我开了点儿药，有中药，也有西药。大夫让我按时吃药，多喝开水，在家休息两天。我很高兴，因为我不用去上课了。

（三）看图说话

比较适合图示的场景、生词、语法点，可以采用看图说话的方式进行活用练习。如果课文中出现了问路的场景，教师就可以展示一张地图，标明起点和终点，让学生说出从起点到终点怎么走。也可以以实际生活中的方位作为练习材料。比如，教师指定所在城市的一个具体的地方，让学生说出从学校去那儿怎么走或怎么坐车。教师也可以图示一个故事的发展过程，要求学生用课文中出现的重要生词、语法格式，加上自己的想象，讲述这个故事。

（四）话题讨论

教师提出与本课课文相关的话题，让学生讨论。具体操作时，可以先将学生分成若干组进行讨论，记录下本组的主要观点和内容，然后每组找一个代表向全班汇报。讨论前教师要提出明确要求，包括要用上哪些词语、句式，涉及哪些信息等。如果课文讲的是"旅游"这一话题，可以让学生讨论旅行计划，计划中应包含什么时候去、去哪儿、为什么要去这个地方、怎么去等信息；也可以让学生讨论各种旅行方式的优缺点，如：一个人旅行与跟家人朋友一起旅行，坐飞机旅行与坐火车旅行，自助旅行与跟旅行团旅行等。

（五）用所给的词语编一段对话或一个语段

教师从课文中挑出若干主要词语和语法结构，要求学生编一段对话或一个语段。在主题上可以不做限制，可以与课文话题相关，也可以与课文话题无关，允许学生自由发挥。这种方法一般用时较多，但课堂时间有限，所以比较适合作为课后作业。

（六）采访

教师限定内容，让学生通过采访获得相应信息，然后在课上汇报。内容相对简单，很快就能完成的采访，可以在课堂上进行。比如，学了"兴趣爱好"这一话题，可以让学生当堂采访任意三个同学，了解他们的爱好，限时五分钟，然后找学生汇报自己的采访成果。如果信息不容易在课堂上从学生那儿获得，可以留作课后作业，让学生下课后去采访，下次课汇报采访成果，或者将采访成果记录下来交给教师批改。

第 ⑥ 节 怎么处理练习

初级汉语综合课教材，每一课的内容通常包括生词、课文、注释、练习四大部分。课堂教学基本可以划分为检查复习预习情况、讲练生词、讲练语法点、讲练课文、归纳总结、布置作业等环节。有些教师认为课本中的练习自然就是教师布置作业的内容，留给学生课下练习即可，或者利用部分上课时间按照练习编排的顺序逐一地做全部或部分课后练习，这种做法是违背学生学习规律的，同时也有悖优化教学设计、提高教学效率的指导思想。本节我们着重分析如何合理利用课后练习，抑或补充编写练习以满足学生学习之需的问题。

一、如何利用练习

（一）练习对教学的启发

我们知道，教师备课不但要在教学大纲和教学规范的指导下进行，而且要吃透教材，吃透作者的编写意图。只有通览教材，做到"胸有全书"，列出本课程知识点目录，理清知识点的逻辑线索，画出教材知识网络图，了解教材的系统性、连贯性和阶段性，教师才能在通观全局的基础上，明确每一课的教学目标。保证有效实现每一课教学目标的方法之一便是备课时要精读每一课的教学内容，即将一课书的教学内容一读到底，包括练习。练习部分可能是教师在备课时容易忽视的部分，其实大部分综合课教材课后练习的内容、知识覆盖面和技能训练项目等都是编者精心设计编写出来的。这些练习对课堂教学有补充和提示作用，比如，在生词讲练部分，很多生词的义项和用法不止一个，教师当然要讲练该词在课文中的义项和用法，但课文中的义项和用法不一定是这个词最主要和常见的用法，教师应择其主要项目进行讲练。怎样才能在这一环节上做到选择准确而不疏漏呢？方法之一就是读课后练习，教师应将课后练习全部做一遍，它对教师的教学内容能起到查漏补缺的作用，也就是说，练习中所考查的词语义项和用法可能是需要学生掌握，而在教师的课堂教学过程中容易被忽视的内容。若教师在备课前通读了一课书的全部内容，备课时就会在各个环节安排得更加合理、周全。学生能否顺利地完成课后练习是检验课堂教学效果的一个参考标准，从另一个侧面也说明作为一种重要的教学资源，教师可变课后练习为课前备课的参照，帮助教师把握本课的重点和难点，准确确定教学目标。可见，练习对课堂教学有启发和检查作用。

（二）练习的取舍

教材中，每篇课文的后面均配有练习题，但由于受到编者对汉语教学规律认识的不同、实践经验的不同以及教材适用对象不同等因素的影响，练习编写的质量良莠不齐。有些练习是经过作者精心设计编写出来的，这些练习往往都用简捷的内容表现教材训练意图，并根据全套课本的训练重点，对学生进行听、说、读、写四种能力的全面训练，练习的编写充分考虑了知识点、能力点的安排，练习目的明确，由浅入深，逐层递进，符合学生的学习规律。但也有些教材中存在不少质量不高的练习题，这些练习或者练习目的有悖学生的学习目标，或者属于低效练习等，这样的练习不管它的题量多大，题型多么丰富，对于学生的汉语学习来说也没有意义。

教师在备课过程中要能甄别并舍弃这部分练习，比如，在语音教学阶段，练习"'给下列音节标调号'例：第一声 ba→bā"的过程是学生根据题目要求的声调，在所给音节的韵母上标出调号即可，而实际上，让学生掌握第一声、第二声、第三声、第四声与调号"ˉ ˊ ˇ ˋ"的对应关系这一实际的练习目标偏离了声调教学目标，因为声调教学的根本目标是使学生能听辨并掌握四个声调的准确发音。学生按要求写出调号很容易，但它不能提高学生听辨声调的能力或准确发音的能力。再如，阅读课后的"朗读下列词语"练习中的"朗读"手段是加强学生认读词语，使之掌握词语的发音的手段，这与阅读后理解的训练目标相去甚远。以上这样的练习对实现教学目标都起不到作用，因此可以舍弃不做。此外，各地有各自不同的教学环境，不同教学对象也有不同的学习需求，教师在处理练习时，也要根据教学需要取舍课后练习，比如，教师对学生汉字书写的要求，是要让学生掌握所学部分汉字的书写还是全部汉字的书写，是要求学生书写的完字正确还是要求笔画、笔顺都正确，应因教学要求而定。对于非汉语专业的普通汉语进修生，特别是在非目的语环境下，学生能做到完字正确已属不易，教学大纲对学生的汉字书写要求可能也不会太高，在这种情况下，诸如"'标出下列汉字的第一笔并注明运笔方向'例：不　→"或"数出下列汉字的笔画数"等检查学生对笔画、笔顺掌握情况的练习，教师可以选择不做。总之，教师对练习还应根据学生的学习需求及教学要求进行取舍。

（三）练习的使用

1.把握做练习的时机

有些教材的练习题被置于每课书的最后，有些教材的练习是以练习册的方式出现的，还有些教材的练习分为课堂练习和课后练习，课堂练习在教材中出现，课后练习单独成练习册。第三种教材的练习部分应该是编者根据课堂教学的需要以及对学生汉语学习的总体要求，将练习按课上与课下两个时段专门进行设计的，教师根据作者的编写意图，在两部分练习中选择使用即可。但对于前两种教材，教师则需要在取舍练习的基础上，安排好做练习的时机，也就是说要设计好这些练习应该在课堂教学各环节中做还是在练习课上做，抑或在课下做，在课上做的话，又应该在哪个教学环节中做，这就是我们想谈的掌握做练习的时机的问题。

教材练习通常是按从简单到复杂、从单项技能训练到综合性技能训练的顺序编排的，这和课堂教学环节的安排在大方向上是一致的，比如，过了语音阶段以后，课堂教学的基本过程是从生词（包括汉字）到语言点，再到课文的讲练过程，而课后练习也往往是从汉字、词语练习到语法练习，再到关涉课文的练习和综合交际性练习。然而，教师又如何根据练习的目标和练习要求决定练习的时机呢？决定练习时机的因素有以下几方面：

（1）练习的目的和目标

杨惠元先生曾指出："设计练习应为教师服务，为课堂教学服务，为技能训练服务。"[1]一套好教材的练习设计一定是练习设计的目的和目标明确，因此，教师在通读练习时，首先要看练习的目的与练习后目标是什么，若与课堂教学某个环节的教学目的、目标一致，就可将这部分练习植入课堂教学的相应环节当中，使之为教学服务，比如，练习中的替换练习部分通常是为机械操练本课的重点句式或语法点而设计的，若在一课书都讲完后的练习课上做，其效果远没有在语法讲练环节中使用的效果好，因为替换练习属于机械性训练类练习，它只有在学生

1　杨惠元（1997），论《速成汉语初级教程》的练习设计，《语言教学与研究》第3期。

初步理解了一个语法项目后，需要进一步熟练掌握其结构时才有必要做。恰当的时机做恰当的练习，才能激发学生的练习动机，达到练习的目的，若在练习课上做，相当于让会跑的孩子反复练习走路一样，对学生而言这样的练习丝毫没有挑战性，会觉得索然无味。而对于练习目标为巩固知识、加强记忆、自查学习效果或对课堂教学内容的综合运用训练的练习，教师可布置为学生的课下作业，比如，"'根据括号里的拼音写出汉字组词'例：夫__（qī）"练习的目的明显是让学生自查对汉字书写的掌握情况，同时也是对汉字书写的巩固过程。再比如，课后练习中的写作或阅读短文练习均属于对课堂知识的综合运用训练的练习，这样的练习在课下做更适宜。

（2）练习所需要的条件

练习所需要的条件首先表现为是否需要教师即时的评判分析或纠正。练习无论是在过程中，还是练习后，学生只有知道正确的作答，才能起到辅助练习、巩固知识、查漏补缺、强化语言技能的作用，练习才有意义，而有些练习需要教师即时给予判断或给出正确答案，否则，会对学生的汉语学习造成不良影响。比如，"'朗读下列词语'例：yì tiáo mǎlù"等语音部分的练习需要教师对学生的错误发音给予及时的纠正，否则学生若形成错误的发音习惯，便很难改正。又比如，"'选择近义词填空'例：他的身体真好，有一次他_____工作三天三夜没休息。（连续、继续）"，这种有一定难度，学生容易辨别不清而进行随意选择的练习，需要教师即时对学生的选择给予对与错的反馈信息，当学生选择错误时，教师须及时为学生进一步辨析两者的区别，即使学生选择正确，也要通过问题检查学生是否真正掌握了两个易混淆词的区别与用法。所以需要教师即时指导的练习应该在课堂教学中或练习课上处理。

练习需要的条件还表现为做练习所需要的时间和实现练习的客观环境。由于不同题型题目要求的不同，做练习所需要的时间也有所不同，比如，"用所给词语回答问题""画出下列两组词语的正确搭配关系"等练习，学生基本可以即读即做，教师可考虑课上处理。像"用所给词语造句""组词成句"以及写作练习等，学生完成所需时间相对较长，则可以考虑留成作业，让学生在课下完成。当然，学生在什么时候做练习也不完全取决于所需时间，教师要综合考虑练习的目的、课堂教学时间、学生的学习状况等因素，以教学需要为根本出发点安排练习的时机。此外，课上课下处理练习还取决于练习所需要的客观条件，比如，任务式练习，要求学生课下做相应的功课，课上展示给老师和同学，则须留成作业，课下完成。而一些小组合作性的活动类练习，如："对话练习—约你的朋友去看电影"等练习需要有合作伙伴共同完成才能达到理想的练习效果，对于这样的练习，教师应根据海外的教学环境，若学生在课下很难找到合作伙伴练习，就应该在课上处理。

2. 练习的再加工

教材中的练习都存在有效性的问题。有效性的判别标准首先是练习的目的是否与教学目的一致；第二，实际练习的内容是不是教师想让学生练习的东西；第三，学生通过练习所获得的知识、技能与教师的预期是否一致。若用这三个标准衡量一个练习题得到的答案是否定的，便是有效性较低，甚至是无效的练习题。前边已经提到过，对于无效的练习题应该舍弃掉，但在练习量不够充足的情况下，对部分有效性不高的练习可以进行再加工，然后使用。例如：

例1：

原题：用指定词语改写句子。

那所大学的学生大约一万人。（近）

学生在完成这个练习时会将句子中的"大约"改成"近"，改成"那所大学的学生近一万人"，教师说"很好！"，然后做下一个练习，这样学生就得到一个错误信息："近"和"大约"同义，误导学生。我们建议将原句改为：那所大学的学生差不多有一万人。（近）

例2：

原题：将下列句子改成"不是……吗"的反问句。

①我有汉语词典。

②小王不喜欢踢足球。

③……

该练习的设计初衷可能是使学生学会使用反问句"不是……吗"，但是学生实际练习所得是学会了如何将一个普通的肯定句或否定句变换成反问句，学生得到的信息是：普通的肯定句、否定句都可以变换成反问句来表达，但该练习并未使学生获得应该在什么时候使用这些反问句的信息。若教师将练习改造如下：

用反问句"不是……吗"完成下列对话。

①A：借我你的汉语词典用一下。

　B：（B知道A有汉语词典）你不是有汉语词典吗？

②A：我和小王去踢球，你跟我们一起去吧。

B：（B 知道小王不喜欢踢足球）小王不是不喜欢踢足球吗？

该练习经过添加语境的办法进行改造以后，学生可以体会到使用"不是……吗"反问句式的前提是说话人对某事物已经有了自己的认识（或对或错），说话人在交际当中获得的新信息与自己原有认识不同而发出疑问，表示疑惑、惊讶、不满、责备、分辩等态度。

除了对习题本身的改造外，教师对练习的方式也应灵活把握。教材的练习形式和要求是固定的，而学生的学习需求与学习状况是有差异的，因此，教师在处理练习时需在明确练习目的的前提下，根据需要改造练习形式，尽可能使之符合语言运用和语言学习规律的理论，最大程度地满足学生的交际需要，使练习更真实有趣，激发学习者的参与热情，有利于学生理解、记忆和使用汉语。比如很多综合课教材中都有的替换练习：

原题：我们谁也不<u>认识</u>谁。

> 了解
> 笑话
> 责怪
> ……

若教师让学生照本宣科，一个个按照学生的座次轮读出来，学生大概不会动脑子记忆句子的结构，也不会思考什么时候会使用到这些句子，这样练习既无趣又无效，可改为：教师提问，学生用该句式抢答的形式，教师尽量问一下贴近学生实际情况的问题，如："刚上大学的时候你了解大卫吗？""同学说错了的时候你会笑话他吗？""比赛输了，你会责怪队友吗？"等等。在回答教师问题的过程中学生不但会积极动脑记忆句式，而且会集中注意力听老师的问题，然后作答，同时也了解了该句式的使用情境，可谓一举两得。由此可见，无论是对练习内容的改造，还是对练习形式的灵活把握，都能优化练习，提高练习的有效性。

二、如何补充练习

一本好的教材，练习量应该充足，能满足教学和学生的学习需要，但当教材的练习不足，或学生在某知识点或技能方面尚未达到教学要求时，教师应有针对性地做补充练习。初级综合课教材的练习从语言要素的角度可大致分为语音、汉字、词汇、语法练习，从语言技能的角度可分为听力练习、交际性练习、阅读练习和写作练习。教师编写补充练习应具有针对性，以词语练习为例，若学生对词语搭配掌握不好，教师可补充"词语连线"练习，或难度更大一点的"给下列词语前后各填上合适的词语"，若要着重于词语的使用，可补充"用所给词语完成句子"或"用所给词语回答问题"。这样就可以做到缺什么补什么，练习形式要与练习目标契合，实用有效。

在补充练习时，还要注意"语境"的呈现，因为带"语境"的练习同时具有"检查"和"教"的作用，且使"检查"具有很强的针对性。常敬宇先生曾经提到：任何一个词语，在字典中的释义一般是词汇意义或语法意义，是静态的、多义的。只有当它进入话语的句子时才具有单义性、动态性，才具有语用意义和交际意义。在设计练习时也是一样，要检查学生对一个词语的某个意义的掌握情况时，给出一个恰当的语境便是最直接有效的方法。它不但能帮助学生确定词义，进一步掌握如何使用一个词语，甚至能使学生掌握该词语的一个语用特点。

此外，补充练习还要明确练习的目的，注意提高练习的有效性和实用性，达到教师的设计目标。

三、处理练习需要注意的问题

（一）避免处理练习走过场，不分轻重地让学生把全部练习从头到尾做一遍。练习过程就是核对练习答案，对学生的错误不加分析，可能造成学生反复出错的后果，教师的组织、指导作用就会大大降低。

（二）避免学生作答方式一成不变。如果要求学生的练习作答方式没有任何变化，要么一律采用集体作答方式，学生会滋生偷懒心理，从而产生滥竽充数的现象，要么是按照座次轮流进行，学生可能提前准备自己该说的练习，而忽略了其他练习。教师应根据练习题的难度与形式灵活变换作答方式，才能使练习效果更好。

（三）避免作业订正形式的千篇一律。作业的订正方式一般有三种，一种是教师收取学生的作业本，将清晰明了的批改意见写在作业本上，返还给学生。第二种是对于学生普遍存在的问题，教师在课上进行订正。第三种是在老师的指导下学生互相批改，但前提是练习的答案应该是确定而唯一的，有时这种方式也可以刺激学生集中注意力，既是检查的过程，也是学习的过程。

综合课技能教学的教学技巧

第4章

第 ① 节　如何提问

提问是教师在课堂教学中，根据教学目标和教学要求设置一系列问题，师生进行问答的一种教学手段。教师通过提问，可以让学生集中注意力，提高课堂学习的效率，调动学生学习的积极性和主动性，调节课堂气氛，启发学生积极思考，巩固所学知识。提问是整个课堂教学的有机组成部分，在对外汉语教学中起着很大的作用。

一、提问的意义

（一）能帮助学生复习巩固所学知识

学过的知识不仅需要及时复习，也需要反复复习，才能在头脑中留下深刻的印象。提问就是帮助学生复习的一个很好的手段，每讲完一个词语、一个语言点或一篇课文，教师都可以通过提问让学生在短时间内对所学知识进行强化；讲新课之前针对上次课所学的重点难点进行提问，可以起到系统地复习巩固的作用。

（二）能引导学生关注并思考学习内容

教师根据教学内容进行提问，可以让学生将注意力集中到所学内容上，对所学内容形成预期，避免听课的盲目性。在新知识，特别是教学重点难点的讲解过程中穿插提问，可以改变学生只是被动接受的局面，带动学生参与课堂教学，对教学内容积极思考，在思考和听讲中理解消化所学知识。

（三）能调动学生学习的热情和积极性

学习热情在外语学习中起着十分重要的作用。好的提问能激发学生学习的积极性，保持学习热情。如果学生能够答对问题，会感到有一种成就感；对学生未知的问题进行提问，可以激发他们的好奇心，对答案充满期待；联系学生生活实际的提问，会让他们直接感到学有所用。总之，不同的问题会从不同侧面让学生得到满足。

（四）能及时了解学生的掌握情况

教师通过提问，可以及时了解学生对所学知识的掌握情况，发现教学中存在的问题和不足，寻找改进方法，调整教学策略，从而更好地完成教学任务。

二、提问的原则

（一）提问要有明确的目的

设计问题要符合教学目的，避免与教学目的无关的问题。在课堂教学中，教师要提的问题一定要经过精心筛选，不要随心所欲地提问。问题提得得当，能激发学生的思维共鸣，激发学生的求知欲望。如果选择的不恰当，容易使学生逐渐失去学习兴趣，难以达到教学目的，有时甚至会毁了整个课堂。

首先，教师对一堂课的教学重点和难点要十分清楚，提问要紧扣教学的重点和难点进行。如果漫无边际地进行提问，学生会感到无所适从，结果耽误大量的课堂时间，无法完成教学任务。其次，应根据不同教学目的设计相应的问题。提问的目的有多种，比如有检查性提问、巩固性提问、提示性提问、总结性提问等，在各个教学环节，每个步骤要实现哪些教学目标，教师要一清二楚，并依此设计出不同类型的问题。每一次提问都应有助于启发学生思维，有助于学生对新知识的理解，有助于对旧知识的回顾，有利于实现课堂教学目标。

比如在学习"是……的"句时，可以通过回答问题来达到让学生练习该句型的目的。上课前可以让学生准备几张照片，上课时提出与照片拍摄有关的问题。教师可以问学生："你的照片是在哪儿照的？""什么时候照的？""是谁给你照的？""是用什么相机照的？"学生通过回答这些问题，练习了"是……的"这一句型。

（二）提问要难易适度

教师所提问题的难易程度要和教学内容的难易程度以及学生的语言水平相

当，既不能太难，大部分学生都答不出来，也不能太容易，只是简单地答"对"与"不对"、"是"与"不是"。提问前教师在研究教材的同时，也要研究学生的语言水平，学生已经学过哪些语法和词语，教师都应该心中有数。提问的内容，一方面要和教学材料的难度相当，没有学过的语法学生肯定听不懂而无法回答；另一方面，提问内容超出教材时，一定要考虑跟学生的生活经历是否有密切的关系，或者是否在学生的知识范围之内，避免出现因问题跟学生无关而无法回答的情况。比如，在学习"问路"这一话题时，教师经常会提问"去哪儿怎么走"，这时候，教师就要找一个学生熟悉的地方来提问，而不能随便说一个地方的名字让学生回答。提问时还要注意，问题中不能含有学生没学过的生词。在可能的情况下，用已经学过的词代替生词。比如，针对一篇课文的综合性问题经常会问："这篇课文的主题是什么？"对初级班的学生来说，"主题"很可能是生词，可以换成另一种问法："这篇课文说的是什么？"如果必须要用某个生词，教师可以先进行解释再提问。如果学生听不懂问题，不免会产生畏难情绪，这样的提问不利于活跃课堂气氛，不能激发学生回答问题的积极性，甚至会影响学生的学习信心，降低他们的学习兴趣。既浪费时间，又达不到教学效果。

（三）提问要有趣味性

实用是构成趣味性的一个重要因素，提问时尽可能选择一些与学生的生活密切相关的话题。不同类型的学生所关注的生活类型不同，比如大学生主要关心学校生活，工作人士更多地关注与工作、职业相关的问题，家庭主妇的注意力可能主要在家庭等日常生活方面。提问时如果能联系学生的生活实际，学生会觉得回答问题就是在说他们自己的生活，会觉得"很有用"，为此，教师要能预测学生在实际生活中可能会遇到的问题和情境。例如：

教师：你去商店买 T 恤衫，售货员给你拿了一件中号的，你试了试，觉得不太合适，这时候你怎么说？

学生 1：这件有点儿大，有小号的吗？

学生 2：这件有点儿大，有小一点儿的吗？

学生 3：这件有点儿小，有大号的吗？

学生 4：这件有点儿小，有大一点儿的吗？

这是一个很实用的场景，在操练语言的同时，学生会觉得教师在关心他们的生活，从而增加对教师的信任，拉近师生距离，更能激发学生回答问题的自觉性和积极性，促进教学的顺利进行。提问看似是课堂上的行为，实际上功夫在课堂外，要求教师备课时既要备教材、教法，又要备学生，了解学生的生活背景、生活经历和兴趣爱好。

（四）提问要把握好时机

在课堂教学过程中，提问要注意时机，最大限度地调动学生的兴趣，增加学生参与课堂的机会，提高学生的开口率。汉语课堂教学的各个环节都离不开提问，复习环节、讲解操练环节都是在"提问——回答"的互动中完成的。有时候，提问时机相对固定，比如，为了巩固已经学过的内容，检查学生的掌握情况，在复习环节设置提问，可以促使学生课下认真复习，从内容上做好回答问题的准备。讲练环节，无论是生词、语法还是课文的讲练，教师随时都会提问，对学生来说，有随时回答问题的心理准备。除此之外，课堂上教师要时刻注意观察学生，当发现某个学生走神时，可以随机提问，把他的注意力及时拉回到所讲内容上，防止学生走神时间太长，耽误对主要内容的学习。

（五）提问要面向全体学生

教师对学生提问面要广，要面向全体学生，不能只局限于少数优秀生，要使好、中、差的学生都有机会回答问题。如果只提问少数学生而冷落大多数，会让后者觉得自己没有受到重视，不利于建立良好的师生教学关系。教师应针对不同学生设计不同的问题，对于水平较低的，在读生词和读课文时可以多给他们一些机会，让他们回答一些相对简单容易的问题，以保持他们的学习兴趣，增强学习动力。难度稍大的问题可以先让水平高的学生回答，再让水平低的学生重复一遍，以便调动全体学生的学习积极性。同时，教师要积极评价学生的回答。教师首先要明确学生回答的"对不对"，其次要评价"好不好"。如果学生回答得很好，教师要直接给出正面评价；回答错了，要及时纠正，纠正时教师可以做出标准示范，或者让其他同学补充回答，但是无论如何，最后应让回答错的学生再说一遍正确的答案。遇到学生不会回答的情况，教师要耐心引导，启发学生朝着目标答案进行思考。总之，在教师提问和学生回答的整个过程中，教师要保持态度和蔼，让全体学生都有一种被重视、被欣赏的感觉，要善于利用有效的评价法，对学生多肯定，多表扬，多鼓励，和学生共同营造轻松、融洽、友好的课堂气氛，让学生乐于开口，心情舒畅，主动参与教学活动，以达到预期的教学效果。

（六）提问方法要灵活多变

教师提问时要善于灵活运用多种方式，不要拘泥于某种特定的提问模式，使学生与教师、学生与学生密切配合，让学生在课堂中的主体地位得到发挥。

根据不同的问题类型和提问目的，教师提出问题后，可以让学生自愿回答，也可以指定一人或几人回答，还可以让学生集体回答；指定学生回答时，可以按某种规则的顺序叫答，比如以学生的座次为序，或者按考勤表的名单顺序，也可以随机指定叫答；可以先讲解后提问，可以边讲边问，也可以先提问后讲解；可以教师问学生，也可以让学生问学生，还可以学生问教师。需要注意的是，不同的提问方式各有优劣，如自愿回答式提问，可能回答问题的总是固定的几个学生，其他学生有被冷落的感觉，会主动放弃说话的机会；集体回答也有类似的缺点；按照有规则的顺序叫答，学生会比较轻松，但由于学生清楚叫答规则，有的学生可能会偷懒，只集中精力准备自己要回答的那个问题，而不注意听其他同学回答；随机提问能让学生集中注意力，防止学生走神，缺点是会让全体学生时刻处于紧张焦虑状态，不利于轻松学习。为了达到最好的教学效果，教学过程应该有张有弛，教师要根据问题类型、课堂情况等因素灵活运用不同的提问方式。在综合课上，朗读生词、课文时，可以让学生按一定顺序依次进行，这样比较节省时间；用问答式操练语言点时，教师可首先提问，指定一人回答，然后以此为示范，让其他学生依次进行问答操练；随机叫答的方式在各个环节都可能使用，随机叫答不是随便叫答，教师要根据问题的难度向汉语水平不同的学生进行提问。下面是学习颜色词的问答操练（要求前后相邻两个同学说的颜色不能重复）：

教师：你喜欢红色吗？

学生 1：我喜欢红色。

教师：你喜欢什么颜色？

学生 2：我喜欢蓝色。

教师：学生 2 喜欢蓝色，你呢？

学生 3：我喜欢白色。

教师：学生 4 问学生 5。

学生 4：你喜欢什么颜色？

学生 5：我喜欢紫色。

教师：学生 6 问学生 7。

......

三、问题的类型

根据回答问题的自由度，可将问题分为两大类型：限定性问题和开放性问题。

（一）限定性问题

限定性问题的答案明确，不同学生的答案基本一致。常见的限定性问题主要有：

1. 用指定词语回答问题

学习了某个词语以后，为了练习它的用法，教师可以提出问题，要求学生用该词语作答。在学完一课的生词之后，也可以要求学生用本课的生词回答问题。比如，学习了跟比赛有关的词语：比赛、队、赢、输、比分，可以在复习环节设计这样的问题：昨天有学生队和教师队的篮球比赛，比分是 48:42。问学生：昨天的篮球比赛结果如何？学生可以回答：学生队赢了，教师队输了。

2. 用指定句子格式回答问题

同一个问题可以有多种回答方式，为了练习某个句子格式，要求学生用日的句子格式作答。比如，学习"越来越……"这一结构时，教师可以提出问题，让学生作答。提出的问题应该结合学生的实际情况。如：

教师：现在 12 月了，首尔的天气会有什么变化？

学生：首尔的天气会越来越冷。

教师：我们每天学习 10 个汉字，所以，你们认识的汉字……？

学生：我们认识的汉字越来越多。

……

3. 根据书上提供的信息回答问题

书上的某些练习，尤其是操练性的结构练习，一般都会提供一定的词语、句式或情境，学生要利用这些给定的信息回答问题。

4. 关于课文内容的问题

在处理课文时，为了了解学生对课文的理解和掌握情况，教师一般都会根据课文设置一些问题，这些问题包括细节性的，比如，课文涉及哪些人物，事件发生在什么时候、情况如何、结果如何等；也包括综合概括性问题，比如"这篇课文的主题是什么？和辅导第一次见面时会商量哪些问题"等。不管是细节性问题，还是综合概括性问题，都要求根据课文内容进行回答，不同学生的语言表述可以不同，但包含的信息不能偏离课文。

（二）开放性问题

开放性问题是向真实情境的过渡或完全真实，这类问题没有固定答案，需要学生凭借自己的生活经历，经过一定的思考，或发挥自己的想象，做出创造性的回答，对事物做出判断、评价，表达自己的观点。在生词、语法、课文、作业等各个环节，都应该设置一定的开放性问题。在操练生词和语法点时，教师要尽量将生词、语法点的使用跟学生的实际生活联系起来。虽然生词和语法点是限定的，但学生回答问题时的信息是开放的，对同一个问题，不同的学生会说出不同的答案。比如，今天几号？你的生日是什么时候？你去过哪些地方？你的爱好是什么？在课文处理环节，除了让学生根据课文内容回答一些限定性的问题以外，也可以提出开放性的问题，比如，你对课文中的事件有什么看法？如果你是课文中的 ×××，你会怎么做？上课结束时可以布置一些开放性的作业，让学生课下完成，形式上如造句、作文、就某个问题进行调查并写出调查报告等。

操作上，教师要把握问题的难度和梯度，限定性问题和开放性问题结合使用。一般来说，限定性问题的难度要小于开放性问题的难度。就同一个教学内容来说，一般遵循"由限定到自由"的顺序，也就是限定性问题在先，开放性问题在后，达到学以致用的目的。

第 ② 节　如何创设教学情境

对外汉语教学的目的是帮助学习者获得用汉语进行交际的技能，遵循"学以致用"的原则。汉语交际技能的获得仅仅靠教师传授是不能实现的，而是学习者在一定的情境下，借助其他辅助手段，利用必要的学习材料和学习资源，通过意义建构的方式获得的。情境是对学习新知识能产生影响的、在时间和空间上特定的各种情形。按发生的方式和场所，情境可以分为物理情境、社会情境和心理情境；按客观真实性，情境可以分为真实情境、模拟情境和虚拟情境。教学情境是指在教学中可以利用的具体场所、环境、氛围、人和人的关系等多种因素。在课堂教学中，创设教学情境有利于激发学生的学习兴趣、活跃学生的思维、促进课堂互动、促进语言知识向语言技能和交际技能的迁移和转化。

一、创设教学情境的原则

（一）教学情境要有效

首先，教学情境的设计要和教学内容与教学目标相适应。教学目标不只是学生对所学知识的掌握，更是教师通过一定的教学方法、教学模式、教学组织形式，通过教与学的互动而达到的学习结果和标准。这就要求教师不仅要关注一节课要教的语言知识和语言点是什么，而且要明确跟这些语言知识或语言点相关的语言技能、情感态度、学习策略、文化意识等因素，明确这些教学内容能帮助学生解决什么问题。教学情境和教学内容、教学目标和谐统一，才能调动学生解决问题的积极性，形成合适的思维意向，从而促进教学目标的实现。其次，教学情境的设计要和学生的情况相适应，要尽量来源于学生的现实生活。这就要求教师要多了解学生的生活情况、生活经历、情感态度、思想意识等，要善于从学生的生活中发现和挖掘学习情境的资源，找准切入点，要让他们觉得"有用"，学了某个语言知识或语言点之后，能帮助他们解决实际问题。例如，在学习"问路"这一内容时，教师可以让学生设置乘车路线。教师先将所在城市的交通地图展示给学生，地图上应该有地铁、公共汽车线路和若干地名。然后教师指定一个起始位置，要求学生说出去另一位置该如何乘车。

（二）教学情境要具有可操作性

课堂本身是真实的，但课堂不等于全部现实生活，它受时间和空间等因素的限制。真实的情境有的在课堂上能够实现，有的则不能搬到课堂上。比如"购物情境"，我们不可能把真实的商店或市场搬到教室里来，这是不现实的，也没有必要。但是，我们可以利用能操作的手段创设"购物情境"，可以让学生"模拟"购物。通过模拟，学生同样能将学到的语言知识加以运用，为在真实情境中使用这些语言知识进行演练。又如，在学习数字表达时，一般都会涉及电话号码。一般要求学生能说出电话号码，掌握如何询问别人的电话号码。除此之外，还可以让学生查询电话号码。例如，上课时将学生分成若干组，发给每组一张电话号码表，教师设置一些实际情境或问题，让学生查出有关电话并读出该电话号码。设置问题要注重实用性，如："你房间的水管漏水了，需要找人修理；你要乘坐公共汽车，你想知道某趟公共汽车经过你乘车地点的时间；你要坐飞机去外地，可是天气不好，你想知道你的飞机是否能按时起飞；你想打电话叫外卖"等等。这种情境和问题既实用，又容易操作。

（三）教学情境要具有开放性和启发性

一般情况下，同一个教学班的学生汉语水平差别不大，但学生的个性特征、心理特征、生活经历、社会文化背景等元素存在一定的差异，因此，创设情境时既要考虑学生的共性，也要考虑学生的个体差异，让全体学生都能够参与到教师创设的情境之中。在同一个情境中，允许不同学生做出各自不同的体验和理解。教师针对一定的教学目标创设情境，学生参与该情境时会如何反应，教师一般会有一种理想的预设。课堂上，教师可以启发引导学生朝着这个目标进行思考，但不能限制学生的思维，追求对情境的一致反应，应该允许学生对同一情境做出多元理解和认识，允许学生自由地表达。教师对学生的不同反应要进行肯定、合理地评价，激发学生乐于参与，乐于学习，让精心设计的情境真正发挥它的作用，成为学生运用所学知识或真实、或模拟的演练乐园。

二、如何利用和创设教学情境

为了帮助学生尽快学会如何运用语言知识，如何将语言知识转化成语言技能和交际技能，在有限的课堂教学时间内，应该向学生展示某个语言点或某个功能项目常用的、典型的使用情境，让学生趁热打铁，直接体验语言知识的运用情况，这样可以减少学生自己摸索的时间，减少犯错误的机会，少走弯路。作为教师，应该挖掘一切可以利用的资源和创设情境的手段，从中精选出与教学目标最相适应的情境。常见的利用和创设情境的方法主要有下面几种：

（一）直接利用现有资源作为教学情境

教学情境包括教学中可以利用的各种因素，例如场所、物品、环境、氛围、学生的生活经历等，这些资源有的可以直接作为教学情境加以利用。比如：在学习"自我介绍"和"认识朋友"时，可以直接让学生根据自己的情况做自我介绍，也可以让学生互相询问对方的信息；学习"气候和天气"这一主题时，可以利用当地的气候和天气情况作为教学情境；谈到"爱好"这一主题时，可以直接询问学生有什么爱好；学习"过"这一语法点时，可以问学生去过什么地方、看过什么电影等，每个学生都可以根据自己的经历来作答；学习"是……的"强调句时，可以对学生说："×× 同学，你的衣服很漂亮，在哪儿买的？什么时候买的？"学习"打算"这一词时，可以问学生"这个周末你有什么打算"或者"大学毕业以后，你打算做什么工作"等。总之，这些问题都和学生的真实情况密切相关，这样的情境不用刻意去创造，从知识到运用是一个自然而然的过程，对学生来说，所学的汉语知识马上就派上了用场。

（二）利用教学环境创设教学情境

有些资源不能直接拿来作为教学情境，但是为课堂教学情境的创设提供了便利条件，教师稍加改造，即可成为很贴切的教学情境。比如，学习"猜"这个词的时候，老师就可以攥起拳头，让学生猜手里有没有东西。学习可能补语时，在讲完语法知识要点和结构之后的操练环节，教师可以在黑板上写一个很小的字，然后问学生："这个字是什么？"学生应该能说出："字太小了，我们看不清楚。"再比如，学习"倒（dǎo）"的时候，教师可以事先准备一个空杯子，在讲到这个词的时候，可以故意把杯子碰倒，然后问学生："杯子怎么了？学生亲眼看到了事件的过程，很自然地就会理解"杯子被老师碰倒了"。动态助词"着"表示一种状态的持续，最常用的是表示静止状态的持续，这样讲解学生理解起来会有一定的难度。为了帮助学生理解这个语法的要点，教师在讲解时可以利用教室的"门"来创设情境。比如，教师可以走到门口，一边开门一边问学生，"老师在做什么呢？"学生答："老师在开门呢。"等打开门以后再问学生："门现在怎么样，开着还是关着？"这时候再讲解"着"的语法要点，学生就不难理解了。

（三）利用实物创设情境

利用实物创设情境能增强课堂的真实感，让学生身临其境，体验行为自然而然地发生。教学现场的任何实物都可以为学生提供认知信息，身在现场的情况敦促他们去观察周围的环境，做出快速反应，积极思索解决问题的方案，不断整合已有的知识和经验，并建构新的意义和认知图式，获得正确表达自己思想的语言。教师和学生的教学用品、学习用品、墙上张贴的图画和地图、教室里的设备等，都是我们可以利用的实物情境资源。比如，学习方位表达和存在句时，就可以利用学生的座次作为情境进行教学和操练。教师也可以临时准备某些事物来创设真实的情境。比如，学习"祝贺生日"主题时，教师可以准备一个蛋糕和"生日歌"的音乐，让学生在美妙的音乐声中体验一次真实的汉语生日聚会。或者将班级中一个学生的生日照片插在课件里，播放课件时，教室里响起悠扬的生日歌，带动全班同学唱起"祝你生日快乐"，然后让学生询问班级中每一个学生的生日是什么时候，怎样过的。由于与日常生活关系密切，可以充分调动学生的热情，一节课下来，学生既感到轻松，又理解了该掌握的内容。又如，学习"问路"主题时，学生应该掌握问路和指路的句子。在国外教学环境中，学生没有上街用汉语问路的实践机会，教师可以通过创设情境将实践机会搬进课堂。备课时，设计两张内容相同但标注不同的地图 A 和 B，A 图中标注的地点名称在 B 图中不标注，只写在 B 图的下边；同样，B 图中标注的地点名称在 A 图中不标注，写在 A 图的下边。让学生通过使用问路和指路的句子找到图下标注的这些地点的位置，并在地图上进行标注。学生通过问答，在互动中获取信息，完成地图标注。

（四）利用图片、音像创设教学情境

利用图片、音像创设的情境具有生动、形象的特点。研究证明，鲜明、具体、活泼的形象，能够缩短感知的时间，更能引起联想和想象，更能激发人们认知的兴趣，提高认知效率。现代信息技术和丰富的网络资源为情境创设搭建起广阔的平台。利用图片、音像进行教学，可以让学生的注意力更加集中，提高学习兴趣，激发学习动机，从而获得更好的视听效果，增强记忆，提高教学实效。利用视频进行教学，还具有情境真实、语言地道的特点，学生不仅可以听到地道的发音，而且还能看到语言的使用环境、对话者的表情、神态，体会到说话者的情感和心理。在教学中，教师可以根据教学内容、学生的汉语水平和当地的教学设备情况，将教学内容制作成幻灯片或 PPT。比如，学习物品的名称时，可以选择图片进行教学。在学习存在句时，通常会将房间内的布局作为教学情境。具体操作时可以出示图片，最好是彩色图片，图片显示两个陈设不同的房间，让学生找出两个房间的不同之处，寻找的过程中自然就练习了表示存在的句型。如果需要创设动态特征明显的情境，制作成动画更加形象逼真。比如，"把"字句的一个重要方面就是强调动作行为对某人或某事产生影响，这一点学生不容易理解和掌握。为了让学生体验这一特点，可以根据教学用句子制作一些动画，像"他把画儿挂在墙上了""他把酒喝光了"等；趋向补语也比较适合制作动画。

（五）利用课文内容，创设表演情境

初级阶段的课文内容多为日常交际话题，内容本身就是基于一定的情境编写的，特别是对话体课文，比较适合学生进行角色扮演。课文情境的利用有两种情况，一是直接表演课文内容，这种方式大多靠学生对课文内容的记忆来完成。二是仅仅利用课文提供的情境，内容上学生可以突破课文的限制。只要合乎情境，运用了应该掌握的句式和结构，就允许学生自由地组织语言，进行表演。比如"看病"情境中，有医生和病人两个角色，可以找两个学生，一个扮演医生，一个扮演病人来看病，练习医生和病人的对话。对话的内容可以是课文中的语言材料，学生也可以自由发挥。如果课文中说的是感冒，角色扮演时学生可以改为肚子疼、受伤等，这样做的前提条件是学生的词汇量要够用，能够支持学生表达清楚。在语言学习中，角色扮演是学生们最基本的用目的语进行交际的方式，这种方式为学生们提供了互动空间，也能激发他们创造性地运用语言的能力。

需要注意的是，无论使用哪种方式创设情境，应该使用的词语、句式以及让学生完成什么任务，教师都应该向学生提出明确的要求。

情境创设作为一种比较复杂的课堂手段，需要教师从更多角度、更多层面去进行思考和研究，从而使汉语课堂更加有效、更加多彩。

第 ③ 节　如何设计课堂教学活动

· ·

课堂教学活动一指课堂教学中教师为达到教学目标设计安排的所有的教学环节和步骤，其中包括教师的活动（如：教师对知识的讲解等），也包括学生的活

动（如：学生在教师的指导和要求下所做的练习等）。另外，课堂活动还特指在课堂上教师为实现本课教学目标所精心设计和编排的，具有一定形式的，并能激发学生主动学习和参与的教学形式，这是本节将谈及的教学活动。

一、活动在教学中的地位

课堂教学是教学的中心环节，教师在组织课堂教学时，既要讲究科学性，又要讲究艺术性。也就是说，课堂教学设计一方面要遵循课堂教学规律、学生的学习规律，运用适当的教学手段完成教学任务，达到教学目标；另一方面，又要讲求教学方法的灵活性和多样性，使学生能在生动活泼、引人入胜、饶有情趣的氛围中学习汉语和中国文化。就综合课的性质而言，它是一门实践汉语课，其最终目标不是为了让学习者掌握语言理论知识，而是培养学习者运用语言的实际技能和习惯，也就是要培养学生运用汉语进行交际的能力。这就要求初级综合课要从学生的学习兴趣、生活经验、认知水平出发，倡导体验、实践、参与、合作与交流的学习方式和任务型的教学途径，发展学生的综合语言运用能力，使学生在语言学习的过程中形成积极的情感态度，主动思维，大胆实践，提高跨文化意识，形成自主学习能力。

心理学研究证明，参与学习的感觉器官越多，学生对知识的掌握越牢固。因此，教师须在把控课堂、合理安排教学环节的基础上，充分调动学生的直觉、灵感、动机、兴趣、文化需求，甚至乐感等等，让学生参与到教学当中，使汉语言知识以学生乐于接受、便于记忆和理解的方式呈现和练习使用，活动就是能达到这一目的的教学方法之一。它不但能激发学生的学习积极性，而且能提高课堂教学效率，除此之外，还可以在汉语课堂之外使用，同样能使学生收到良好的学习效果。

二、活动的设计原则

（一）活动设计要以达到教学目标为准

教学目标是教学活动的出发点和归宿，是教学设计、环节安排的一把标尺。任何活动的设计都应以学生获得语言知识和语言技能为目标，因此，活动从设计到实施都应在教学目标的调控下进行，否则难以收到理想的教学效果，甚至失去活动设计本身的意义。因此，教学活动的设计应与教学内容高度相关，并注重形式与内容的契合。比如，当教授"动词＋着"表示静止状态的持续时，教师结合"穿、戴、拿"等生词，组织学生进行"猜猜我说的是谁？"的活动，首先，教师示范："我们班有个同学，今天他穿着毛衣和牛仔裤，戴着眼镜，你们猜猜他是谁？"学生马上在全班同学中寻找"目标"，结果发现班里有两个同学都跟老师描述的穿戴一样，于是学生一定会问老师"他穿着什么颜色的毛衣？"或者"他的桌子上放着词典吗？"来进一步区分和确定老师所指的学生。教师示范之后，要求一个学生用"动词＋着"描述一个同学，其他学生猜。这样既让学生练习了描述一个人的穿戴，同时又对其他同学进行了"听"的训练，学生对这个活动很感兴趣，可谓一举三得。该活动的形式也恰恰能将生词、语法的教学内容涵盖进来，并且对学生进行了听说技能上的训练。达到了活动内容、形式与教学内容和目标高度统一的设计要求。

（二）活动设计要讲求实效性

课堂的教学方式应该是灵活多样的，单一的教学方式只能让课堂显得枯燥乏味，毫无趣味可言。但如果教师只为追求教学形式的多样性，为活动而活动，就会忽视活动的效果，结果可能是课堂上看似很热闹，但实际上占用了大量的课堂教学时间，而实际教学效果欠佳。比如，有一课内容是"今天我去了动物园"，生词表中有一些动物的名称，由此教师让学生每人画一张动物园的画儿，然后让同学介绍自己去动物园看到了什么动物等等，虽然在活动过程中学生也识记并练习了几种动物的说法、写法，但是画画儿通常要占用比较长的课堂时间，活动效率不高。因此，在初级汉语综合课教学中，教师要根据不同的教学内容，采取不同的教学策略。也就是说，活动的方式当用才用，在采用活动方式时，一方面要考虑是否有效地利用了活动时间、参与活动的人数、个人的活动量等因素，另一方面要考虑活动的难度是否适合学生水平以及实际效果，即，活动结束时应该达到活动目标。

（三）活动设计要讲求交际性

语言是交际工具，教学的最终目的是让学生具备使用这种交际工具的能力，交际能力的培养必须通过语言实践，这就决定了语言教学的实践性。学生既要具备正确使用语言知识的能力，又要能够得体地使用语言，并参与到语言活动中。教师不仅要教会学生语言知识是什么，更要教会学生如何在不同的语言环境下去使用语言。这就要求教师在教学中必须突出以学生为中心的原则。在课堂上，教师要做到精讲多练，通过大量的充分的练习和活动，使学生能正确而熟练地运用汉语，达到交际目的，努力实现课堂教学交际化。因此，课堂活动设计应以培养学生的听、说、读、写等基本语言技能为目的，比如，学到"问路"一课，在生词、语言点及课文处理完成后，教师可设计如下活动：

活动目标：通过活动使学生学会"问路"及"指路"，并能运用于生活当中。

具体做法：

1. 教师提出活动要求：两个学生一组，学生 A 去学生 B 家，B 告诉 A 应该怎么走，A 一边听一边画简图，然后复述，B 确认。

2. 教师与一名学生示范：

教师：你怎么去我家？

学生：我坐公共汽车去。

教师：那你坐 X 路车在 Y 站下车。

学生：下车以后怎么走？

教师：你往前走，到前边的十字路口向右拐，大约走 100 米，那儿有一条 ×× 街，你拐进去就能看见一座灰色的楼，我家就在三层 ×× 号。（学生边听边画）

学生：（学生看着简图，复述老师告诉他的走法）

教师：（教师确认）

（四）活动要讲求适用性

活动教学的主体是学生，因此，活动目标的制订、内容的确定、模式的选择以及组织实施，除了要与教学内容本身有内在的联系，还必须考虑学生的身心发展水平和年龄特征。此外，活动的设计要适合学生的兴趣、需要、生活经验，只有研究把握了学生的特点，才能因材施教和具体指导，收到较好的教学效果。比如，当教师了解了学生的知识背景后，对于那些基础薄弱或是零起点的学生，在设计活动时教师要把他们的知识结构特点考虑进去，做一些简单而有效的互动活动。这样既巩固了知识，又使学生得到了真实的体验。活动设计要满足学生的学习需求还体现在情境的创设上，教师要尽可能模拟贴近学生真实世界的情境，以解决学生在生活中遇到的真实问题为学习任务。这样，学生在活动中学习和练习的语言技能就可以被有效地应用到真实语境中，从而达到活动的目的，促进学习。在活动形式上，年轻人喜欢参加包含大量新鲜刺激内容的活动，喜欢不断变换活动的方式，从"听"到"说"，再到动手、表演等等。这种能调动多种感官通道、形式多样的活动，可以使学生更好地集中注意力，并能全身心地投入，用多种认知手段参与学习。可见，保证了活动的适用性才能使活动成为促使新知识内化，并运用于真实、恰当交际情境中的助力。

三、活动设计的几种模式

（一）游戏模式

课堂教学要遵循规律，激发学生学习的能动性。语言的学习是一个知识积累、技能发展的过程，主要是靠有意识的学习和无意识的记忆去完成的。游戏可以把枯燥的教学内容寓于愉快的活动当中，让学生主动去学习，这才是教学的根本所在。兴趣是引导学生学习最好的老师。年轻的学生好奇心强，活泼好动，渴望成功，但缺乏持久的意志力，而游戏的娱乐性特点正好能够利用学生的个性特点，促进他们学习动机的形成。游戏活动的形式多种多样，有猜测类游戏、比赛类游戏、语言支配动作游戏、语言描述动作或图画游戏，等等。其中前两类游戏的设计空间很大，比如猜测类游戏，学生首先要理解教师提供的信息，这就是一个语言输入的过程，然后进行判断、推理、想象等思维活动，得出猜测结论，若不对，还可以与教师进行进一步的语言交流以获得新信息，再对猜测结果进行修正，直到得出正确的答案，这样，学生可以在轻松的气氛中得到语言训练。

（二）竞赛模式

教育心理学研究证明，适当的竞赛活动能有效激发学生的学习兴趣，充分调动学生的主动性、创造性和积极性，启发学生进行积极思维，同时能把学生的口、耳、眼、脑、手等器官调动起来，让学生充分投入活动，从而产生最佳学习效果。竞赛活动可以是专门的，也可以是课堂上教师组织的小的竞赛活动。教师将竞赛活动灵活地引入语言教学的课堂，可使一些枯燥的教学环节变得生动活泼、趣味无穷，从而提高教学效率。课堂竞赛活动可以在个人之间、小组之间进行，前者能激发学生的学习热情，充分展现学生的个性和特长，后者则能激发学生的合作精神，培养合作能力。

（三）任务模式

任务式活动倡导互动性与合作性，任务活动就是教师将学生分成小组，然后有目的地给小组布置交际任务，要求学生运用语言做事，即完成任务。凡是语言教学课堂上的任务活动，它的立足点都应侧重于语言的表达，如角色扮演、模拟对话、分组讨论等活动，通过使任务角色化，启发学生尽量用语言传达信息和表达思想。活动要以学生为中心，有明确的目标。教师在设计任务式教学活动时首先要考虑从"学"的角度来设计教学活动，使学生围绕任务开展一系列认知活动，如阅读、思考、讨论、表述等。在活动中，学生为获取知识或为得出结论而进行积极的探索和主动的认知体验，从中获得语言能力。其次，教师应引导学生做好完成任务的准备，比如，提示学生完成任务所需要的语言素材，设置语境等等，对学生提出明确的任务形式和任务要求，从而保证活动能达到教师设计的目标。比如，以"谈天气"为交际任务的活动可设计如下：

任务目标：能听懂天气预报的常用语，并能简单说出天气情况。

活动准备：1. 准备一些表现不同天气情况的图片。

2. 带领学生复习描述天气状况的词语和句子：

词语：热、暖和、凉快、冷、干燥、湿润、阴、晴、下雨、下雪、大/中/小/雷阵雨、多云转晴、刮风、风力、三四级、最高/低气温、度、零下、白天、夜间

句子：……天气怎么样？

……够……的。

……气温多少度？

……比……。

……有风/雨/雪吗？

……

3. 分组：三人一组，每组分发表现不同天气情况的图片及一段天气预报的文本。

活动要求：情境：两个同学为做郊游的准备而听天气预报。一个同学充当天气播报员，指图并按照文本播报，其他两位同学听天气预报，并互相提问自己所遗漏的信息，然后决定他们旅行所要带的物品（与天气有关的衣物及雨具等）。

（四）表演模式

课堂上的表演活动主要指角色扮演。一种是模拟性角色表演，它是以课文为基础的角色扮演。初级综合课本中的课文大部分以情景对话或叙述体短文为主，其中大部分课文内容与人物的语言及活动相关，因此教师可根据教学需要对课文进行节选或改造，要求学生扮演文中的人物角色，体验生活，使学生在具体情境中充分体会和实践课堂上所学习的语言知识、语言功能以及语言技能的综合运用等等。另一种是扩展性角色扮演，扩展性表现在实用性和创造性两方面，实用性角色扮演就是要求学生根据课文中的情景，将其中的人物视为自己，以自己的交际需要为出发点进行角色扮演。比如，课文是一段"买水果"的会话，文中人物买的是苹果和香蕉，学生可以改成自己喜欢吃的橘子和葡萄，文中人物问"多少钱一斤？"学生可以根据自己的实际情况改问"多少钱一袋？"等等。这样可以增强角色扮演的实用价值。此外，扩展性还体现为创造性角色扮演，即教师根据所学课文或语法点的内容，结合现实生活设计课堂活动，比如，《速成汉语基础教程综合课本4》第八课课文"我们俩完全平等"的情景是去朋友家做客时两个人在聊天。其中的语法项目之一是"把"字句，但在课文中仅一处出现"把"字句。于是教师可以设计一个"我帮你做什么？"的活动，情景是朋友聚会你提前到达，帮助朋友做准备，对话设计举例：

A（朋友）：我给你带来了水果。

B（主人）：谢谢！把水果放在厨房吧。

A：好。我帮你做点儿什么？

B：你先把草莓洗洗吧。

A：洗好了。把草莓放在这里，行吗？

B：行，然后你把这个西瓜切一下就行了。

A：还有什么需要帮忙的？

B：没有了。休息一下吧。

在这个活动中，情景和人物都是创造的，活动内容与教学内容相关，教师只给学生人物对话的范例或适当的提示，目的是让学生运用所学的语言知识来自由表达自己的思想，这是一种仿真交际性课堂表演活动，要求学生灵活运用语言知识，将知识与生活经历结合起来，并有机地融入角色扮演的场景之中，这对于语言知识的记忆与运用都大有帮助，并能促使他们的语言能力向交际能力转化。上面的这个活动就可以让学生学会用"把"字句支配他人做事。值得注意的是，角色表演不应追求表面上的热闹，所设计的任务应与学生所学习的知识密切相关，使学生通过角色表演加深对知识的理解和记忆，提高语言技能，尤其是听说技能。这些实用性很强的角色扮演打破了课内与课外的壁垒，实现了课堂与实际生活紧密相连，突出了学以致用的原则。

四、各教学环节中的活动示例

（一）生词讲练环节的活动

生词部分课堂活动的主要目的是帮助学生理解并记忆生词的音形义及其用法。在记忆规律中，人们发现，器官使用得越多，所记知识的时间越长久。学习词语也是如此，单靠死记硬背，学生很难体会这个词语在语境中的运用；只是抄写词组和句子，很难激起学生的学习欲望。若教师根据学习需要，设计适当的课堂活动，比如猜词活动，即给学生一个词语范围，或是本课生词表中的词语，或是教师给出的词语范围，一个同学用肢体动作或语言表现词语，其他同学分小组做猜词比赛，最先猜对一个词语的小组得一分，这样可促使每一位学生都做积极的思考和猜测，同时也锻炼了他们的情景反应能力。活动示例如下：

例1：记电话号码比赛

活动目标：使学生熟练掌握数字1～9的听辨与记录。

活动做法：教师说10个人的电话号码（正常语速），根据学生的水平，教师选择说一遍或者两遍。学生两人一组听记号码。小组成员可采取不同的听记策略，如：两人同时记录10个号码或者两个人各记5个号码。听记后要求小组成员各说出5个号码。

活动结果：正确率最高的小组为优胜。教师进行适当奖励或表彰。

活动说明：本活动的设计初衷是让学生熟练掌握1～9的数字，活动包含了听数字、写数字和说数字，全面训练了学生听说读写数字的能力。

例2：购物大比拼

活动目标：复习学过的商品名称及写法。

活动做法：将学生分组，每组发一张白纸，请学生写出本组的购物清单（包括商品的数量），要求写出汉字，不会写汉字的词语可以写拼音，但要适当扣分。

写的商品越多越好，教师限时收取，并用幻灯展示各组清单。

活动结果：经过展示，同学们评出得分最高的优胜小组。

活动说明：这个活动可让小组成员之间、小组与小组之间互相启发，回想自己已知商品的名称及其与量词的搭配，起到扩大学生词汇量，复习旧词，巩固新学词语的作用。

例3：词语扩展游戏

活动目标：通过词语扩展，使学生掌握重点词语的用法。

活动做法：将学生分成两个小组，每组不超过十人。教师给A组学生看一张生词卡，A组学生大声读出，B组接着说一个含该词的词组或句子。若B组学生说出的是词组，A组学生须接着B组的词组继续扩展，直到扩展成句子。教师做裁判，扩展正确得一分，错误减一分，扩展到句子的一方获得读下一个新词的权利。

活动结果：得分多的小组为优胜。

活动说明：该活动可检测学生对生词用法的掌握情况，教师应在学生出错的时候及时纠正，并分析错误原因，使学生进一步明确词语用法。

（二）语法讲练环节的活动

语法是语言组词成句的规则，而句子又是为交际服务的。所以语法教学有两个重点，一是使学生掌握语法规则，另一个重点是让学生了解它表达何种语义、什么时候、在什么情况下使用。所以，语法讲练部分的活动也应以此为目的而进行设计，例如：

例1：看谁猜得又快又准

活动目标：使学生熟练掌握钱数的表达方法。

活动做法：教师将学生分组，小组中的一个学生（A）到讲台前，教师用PPT或图片向全班展示一种商品。教师只告诉学生A这种商品的价格，然后同小组的其他学生开始猜，学生A及时给本组同学以反馈信息："高了"或"低了"。学生根据反馈信息继续猜，直到猜对该商品的价格。教师计时，然后换下一组同学猜第二件商品的价格。用时最短的一组为优胜。

活动说明：学生在猜测商品价格时，不断地报出价格，可以充分练习钱数的表达方法，讲台前的学生听后要迅速做出反应，所以说，该活动强化了关于钱数的听说训练。

例 2：失物招领

活动目标：通过确认丢失物品，使学生能在一个具体的场景中进一步熟练掌握"的"字结构的用法。

活动准备：教师板书活动中会用到的主要句式：

……是谁的？

……是我的。

……是……的吗？

活动做法：教师从若干学生处拿来他们的物品放在讲桌里，然后问学生："这里有一个电子词典，是谁的？"学生 A 说："电子词典是我的。"教师进一步确认："你的词典是什么颜色的？"学生答："是黑色的。"然后教师从讲桌里拿出词典，并问全班同学："这个电子词典是 A 的吗？"全班同学说："这个电子词典是 A 的。"教师将词典交还学生 A，再对下一样物品进行招领。

活动结果：通过交流确认，学生将自己的物品领回。

活动说明：该活动的设计充分利用了"的"字结构的应用场景，而且活动包含大量"的"字结构的使用。在活动中教师也可以从学生处拿来两个相同的物品，但它们有品牌或颜色上的差别。教师通过询问相关问题，确定物品归属。

例 3：猜猜我说的是谁

活动目标：通过描述一个人与自己的相同点和不同点练习比较句。

活动准备：教师提示将两个人或事物进行比较时，通常用到的已经学过的三个句式：

1. A 比 B……

2. A 没有 B……

3. A 跟 B 一样……

活动做法：1. 教师示范：我们班有一个同学，他的个子跟我一样高，他的头发比我的短，他比我小八九岁，我跳舞跳得没有他好，唱歌唱得比他好。你们猜猜他是谁？

2. 一个学生说，全班学生猜。开始时所给的信息可以少一点，如果猜不对，要用比较句提问，获得信息后继续猜，直到猜出来为止，然后换下一个学生说，其他学生猜。

活动说明：比较两个人时会出现两种结果：相同或不同。这个活动可使学生根据比较的实际结果，选择恰当的比较句式进行表达，学生对该类游戏很感兴趣。

（三）课文讲练环节的活动

　　课文在语言教学中具有丰富多彩的包容性和教学目标的多元性。其包容性和多元性主要体现在以下几方面：首先，课文把语言要素、语言结构、语言功能以及语言所包含的文化因素等融为一体。它使句子进入交际状态，使句与句的关系和句群与句群的关系得以体现，使所有静态的语言要素变为动态的具有交际意义的话语。其次，课文为语言技能的训练提供了必要的语料。再次，还为语言的使用提供了语境，为训练和提高学生的语言交际能力提供了重要的模式。[1] 可见，使学生熟练掌握课文是很有必要的。因此，课文教学环节的活动可以有模拟表演，也可以采取问答互动、你说我画、看图讲述、看图配话等方式组织活动。

　　例1：以"介绍家庭"为主题的对话体课文

　　活动目标：通过活动熟练掌握如何询问及应答家庭成员的基本信息，如家庭成员人数、职业等等。

　　活动做法：全班学生询问一个学生关于他家庭成员的情况，问题不可以重复，该学生一一回答，待全班学生没有问题要问的时候，教师请一个学生介绍一下儿被问学生的家庭情况，说错及遗漏的部分，其他学生补充。

　　活动说明：活动中学生若问其他学生问过的问题，可规定小的惩罚措施，目的是使全班学生注意听别人的发言。

　　例2：以"在饭馆"为场景的对话体课文

　　活动目标：通过模拟表演使学生掌握在饭馆点菜的常用语句。

　　活动做法：学生分成3人一组。角色分配：两个学生扮演客人，一个学生扮演服务员。给学生5分钟准备。然后给全班同学表演，每组表演完，教师点评。

　　活动说明：教师最好就每组学生的表演，向其他学生提问，促使其他学生注意听表演组的对话。

　　例3：以"介绍房间布局"为主要内容的叙述体课文

　　活动目标：学会用动词为"有、是、在"的存在句。

　　活动准备：提示学生句式"方位／处所＋有＋事物""方位／处所＋是＋事物"与"事物＋在＋方位／处所"的句法规则及其使用条件。

　　活动做法：教师将学生分为2人一组，每组发一张白纸，学生A用以上三种句式介绍自己的房间，学生B在纸上画简图，画的位置不对时，学生A用汉

1　杨惠元（2010），综合课教学要处理好的十个重要关系，《对外汉语综合课课堂教学研究》，北京语言大学出版社。

语告诉学生 B 进行修正。小组活动完成后，教师请每个小组的学生 B 到讲台前给全班学生介绍学生 A 的房间。

活动评价：教师对每组学生的活动进行总体评价，肯定学生正确的表述，但对学生的错误也要指正，分析原因，并让学生再说一遍。

活动说明：表示存在的句子基本上有两类，第一类是以方位或处所为话题，说明某个方位或处所存在某事物，第二类是以事物为话题，说明某事物存在于某个方位或处所。该活动中学生可根据表达需要，运用三种句式进行表达。但教师要控制活动时间，视具体情况决定汇报活动的人数。

例 4：以文化内容为主题的课文（以《中文听说读写》（第二册）第十二课"端午节"之"包粽子"为例）[1]

活动目标：通过实物或图片使学生了解端午节"包粽子"的习俗，并使学生能说出重点语句。

活动准备：用师生间沟通互动的方式使学生理解生词的意义和用法。如下：

教师拿着一张图（包粽子的图）：

教师：你们看到的东西，是什么？

全班：是竹叶。

教师：好，有同学看出来是竹叶，很好。（教师一边把"竹叶"两个字写在黑板上，一边解释竹叶的意思）竹是 bamboo，叶是 leaf。好，跟我说，竹叶。

全班：竹叶。（两遍）

教师：好，你们看到竹叶，还有呢？这个女人在做什么？

全班：……

教师：好，这个女人在包粽子。好，跟我说，包粽子。

全班：包粽子。（两遍）

教师：（在黑板上写"包"）"包"是什么意思？

全班：cover，wrap。

教师：对，wrap，wrap the glutinous rice dumplings。她用什么包粽子？

学生 1：用竹叶包粽子。

教师：粽子里面有什么东西？

学生 2：粽子里面有米饭。

1　曾妙芬（2007），《推动专业化的 AP 中文教学——大学二年级中文教学成功模式之探讨与应用》，北京语言大学出版社。

教师：好，粽子里面有米饭。是甜的还是咸的？

学生2：都可以。

活动做法：师生沟通，如下：

教师：很好，再说一次。她在做什么？

学生1：她在包粽子。

教师：用什么包粽子？

学生3：用竹叶包粽子。

教师：里面有什么？

学生4：里面有米饭。

教师：好，里面有米饭。是什么味道？

学生5：有甜的，还有咸的。

教师：好，现在谁来说说这张图？

学生：一个女人在包粽子，用竹叶包粽子，她看起来很高兴，粽子有甜的和咸的。（请两个学生说）

活动评价：经过准备阶段和活动中的师生间问答，学生学会了原来不会的表达方式，并且能针对"包粽子"的图进行描述，达到了教学目标。

（四）综合性课堂活动

学生熟练掌握了课文并不是课堂教学的最终目标。学生要能按照课文提供的交际模式或语言表达模式来表达自己的思想，提高学生的交际能力，这才是课堂教学的最终目的。综合性课堂活动就是为达到这样的教学目标而设计的。它既依托于课文，又超乎课文。

例1：以个人情况为主要内容的对话体课文

活动名称：猜猜他是谁

活动目标：通过活动使学生熟练掌握询问及叙述个人情况的常用语句。

活动做法：在全班选出一半学生做记者，每人发一张采访表格，对另一半同学进行采访，采访后向全班汇报，请大家猜一猜采访对象是谁。采访表格如下：

姓名	哪国人	学习什么	最近怎么样	喜欢什么

活动说明：教师在分配采访任务时应注意被采访对象的个体差异性，这样可保证采访内容的多样性，丰富学生表达和听力材料的内容。

例2：(王枫教案)[1] 以"去机场接没见过面的朋友"为主要内容的对话体课文

活动目标：通过活动使学生能够灵活运用所学的词汇和语法，模拟相关的情景进行对话。

活动做法：学生分为2人一组，将准备好的情景提示卡发给学生，每组一张，学生根据提示卡内容进行情景对话，给学生5分钟练习，然后找3组学生进行角色扮演。提示卡内容如下：

```
            卡片1：第一次约见辅导老师
地点：食堂门口
学生A：拿着一本杂志
学生B：背着一个书包
```

```
            卡片2：替同屋去机场接他的亲戚
地方：机场出口
学生A、B以现在的服装为准
```

```
            卡片3：寻找旅游团
地点：天安门广场
学生A：推着一辆自行车
学生B：导游，举着一面旗子，旗子上写着"东方旅行社"
```

活动说明：这样的设计符合学生的认知规律，也体现了语言教学中学以致用的教学目的。

例3：(莫丹教案)[2] 课文为叙述体"塞翁失马"的故事

活动目标：通过活动使学生充分领会"塞翁失马"这个成语故事所反映出的道理，并锻炼学生自由叙事的能力。

活动做法：学生分为3人一组，要求每个学生讲讲自己好事变坏事，坏事变好事的经历，之后小组推荐一人讲给全班听。

---

1 王枫（2010），《成功之路·顺利篇》第二册第十六课教案，《对外汉语综合课优秀教案集》，北京语言大学出版社。
2 莫丹（2010），《速成汉语基础教程》综合课本第五册第八课教案，《对外汉语综合课优秀教案集》，北京语言大学出版社。

活动说明：这个活动引导学生利用课文的话题讲述自己的经历，可以充分满足学生的表达需求。

例4：以描述和评价物品为主要内容的课文（以《步步高中文2》（常青图书[英国]有限公司）第十九课"我刚买的电脑又便宜又好"为例）

活动目标：通过活动使学生能较为自如地对某物品进行描述和评价。

活动做法：将学生分为2人一组。学生A就学生B随身穿带的衣服或物品进行购买时间、生产地、品牌以及学生B对物品评价等方面的询问，然后学生A对该物品进行表述和评价。

活动说明：学生通过活动，能综合运用主语或宾语前使用定语、"的"字结构、结构"又……又……"、句式"……是……，就是……"等对某物品进行描述和评价。

第 ④ 节　如何制作课件

一、课件设计制作的基本原则

（一）适时适量使用多媒体

多媒体技术具有集图文、音像、动画等多种表现形式于一体的功能，以及易于表现、虚拟现实、情景仿真、交互性强等特点，利用多媒体技术辅助对外汉语初级综合课教学具有传统教学方法不可比拟的优势。再加上近年来多媒体教学已成为一种大趋势，所以有的教师上课必用多媒体课件，而且是用于课堂教学的整个过程，甚至使课件成为纸版本教案的替代品，结果不但不能提高课堂教学效率，反而影响了课堂教学效果。所以，多媒体的使用并不是多多益善。

多媒体只有在恰当的时候用才能起到事半功倍的作用。我们知道，文字、图片、图表、录音、录像都是不同的媒体形式，它们各有其表达信息的优点和缺陷。教师只有合理地利用好这些媒体形式，为教学服务，才是有意义的。比如，在讲解一些特殊词语时，比如"绣花""油条"等词语，学生即使看过母语的注释，也很难了解它们到底为何物，用多媒体展示它们的图片，比任何语言和手势的说明都更有效。

多媒体的适量使用，主要指显示内容的适量。课堂教学内容基本是由教学大纲决定的，而在练习的方式和练习的量上，教师是可以根据课时要求较灵活地进行掌握的。对多媒体的使用并不是越多越好，因为媒体使用过多也可能造成重点不突出或造成学生视觉疲劳、反应过于机械等问题。反之，如果用媒体显示的内容过少，就会产生操作显得过于冗余、未能充分利用而使多媒体教学手段成为一种摆设等问题。因此，教师应根据教学需要适量使用多媒体。

（二）综合使用多媒体手段

语言本身包括声音、文字和意义。在语言教学中必须综合利用多种媒体技术，如：声、文、图、像，也必须综合利用多媒体教学手段和常规教学手段，才能最好地发挥多媒体技术辅助教学的作用，发挥其优越性。

声、文、图、像等各种媒体在语言教学中都有其独特的作用。比如，训练学生听力理解，要利用一些录音材料；训练学生的阅读理解，要利用一些文字材料；若让学生理解字、词、句的意义，要利用一些图像材料。将多媒体技术综合运用还能表达更丰富、更完整的语言内涵，达到更好的教学效果。比如，在讲解某些语法项目时，可以用图像表示语法意义，用文字及符号表示句式结构，这样的形式既便于学生理解、记忆，也可以用图像提供语境，供学生练习。

我们知道，常规语言教学和多媒体教学手段各有所长，在课堂教学中，只有做到二者有机地结合，才能达到最好的教学效果。例如，课堂教学中用多媒体显示的内容通常是教学内容中的重点和难点，这些内容只有配合教师的讲解和在教师指导下的练习才能达到使学生理解和掌握的教学目标。

（三）有效处理教学重点和难点

每一课书的教学内容都有一定的教学重点，对教学重点的讲练是课堂教学的关键，它直接影响着学生的学习效果。因此，在制作多媒体课件时应该对重点教学内容进行重点设计，可以在课件重点内容部分做各种标记，不但使之清晰、易懂，而且要让学生得到充分的练习。此外，多媒体最大的优点就是把教师需要用较多、较复杂的语言才能解释清楚或者很难用语言形象具体描述清楚的概念或情景，用生动具体的图像等媒体手段直截了当地展现出来，帮助学生理解和掌握教学难点。

二、多媒体课件的设计要求

（一）版面内容要清晰

由于课件每一页的幅面有限，因此要控制好展示的内容量。课件中的文字不能过密、过小，特别是对初级水平的学生来说，这样可能加大他们的阅读难度，所以说，文字大小、字体和间距都应适当，背景要简洁，在颜色上背景色和文字的颜色对比要强烈，反差要大，使文字、图像显示清晰。

（二）版面内容要合理布局

在课件的一个版面内经常同时出现文字、符号和图片。教师应该根据它们的关系合理地安排它们的位置，使人感到轻松悦目，并且能在最短的时间里获取信息，达到教师的设计目的。

（三）版面设计要突出重点

在课件一个版面内的内容，无论是文字还是图片等信息在排版上应该注意它们之间的位置、大小比例等关系，以达到突出重点的目的。比如，重点内容应该占据核心位置，而且所占比例要大，使之醒目。此外，文字还可以通过加粗、变字体、变颜色等方法，使之凸显出来。

三、如何在课堂教学的主要环节中利用多媒体技术

（一）生词讲练环节

在初级汉语综合课的生词讲练环节中，认读通常是第一个步骤。为了训练学生由借助拼音朗读词语发展为脱离拼音能读词语，教师可以利用 PPT 的制作来控制拼音的显示与否，训练学生熟练认读汉字词语。例如：

生词认读：	生词认读：	生词认读：
1. 气色　　qìsè	1. 气色	1. 气色
2. 秘诀　　mìjué	2. 秘诀	2. 秘诀　　　　mìjué
3. 坚持　　jiānchí	3. 坚持	3. 坚持
4. 毛病　　máobìng	4. 毛病	4. 毛病
5. 犯　　　fàn	5. 犯	5. 犯
6. 脸色　　liǎnsè	6. 脸色	6. 脸色
图 1	图 2	图 3

图 1 有拼音的辅助，可用于生词的认读，图 2 则可以用于限定学生认读汉字词语，但当学生对某个词的发音有偏误时，教师可设计"点击词语出现该词拼音"的动作（见图 3），达到提示或纠正个别词语读音的目的。

生词讲解的一个重要方面就是释义。有些生词，特别是一些名词、动词、形容词，用图片来直接释义不但可以节省时间，还便于学生理解和记忆。例如，名词"T 恤衫"、动词"踢"、形容词"厚"的释义：

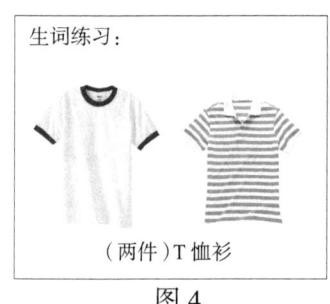

（两件）T 恤衫

图 4

踢

图 5

（薄）　厚

图 6

图 4、图 5、图 6 选用的词义释义图片，都很清晰明了。若一幅图片的代表性不够强时，可以选用两幅图片进行比较，达到清晰释义的目的。

除了掌握生词的音、形、义之外，用法更是不能忽视。例如，词语"打交道"的用法展示：

生词讲练：

老师每天跟学生打交道。

S（主语）……跟……打交道。

图 7

生词讲练：

银行职员每天跟什么打交道？

……

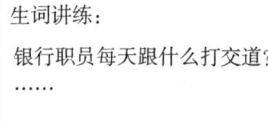

图 8

生词讲练：

医生……？

……

图 9

教学中可以通过提问的方式引导出使用"打交道"一词的句法规则，即需要用"跟"或者"和"将打交道的对象提前。经过如图7式的练习，总结出如"打交道"一词的基本使用句式为：S（主语）+……跟……打交道。最后通过图8、图9式的练习使学生掌握"打交道"一词的用法。

（二）语法的讲练环节

在初级汉语教学阶段，语法是课堂教学的重点之一。语法项目的讲练关键是使学生理解它的功能、适用情景以及句式要求。因此，教师可以利用多媒体可用声音、影像等展现的功能，为学生展示所需要的情境，帮助学生理解，并启发学生在各种场景中使用该语法项目进行表达。例如，句式"要是……就好了"。

图 10　　　　　　图 11　　　　　　图 12

图10内容是在球门前的一个队员，从他的动作学生可以知道他踢的球没有进，很遗憾。这时他的愿望或者希望应该是"球进了"，那么汉语中"要是……就好了"的功能就是表达说话人的愿望。云状图里应该是他表达希望的一个语句，教师展示出正确的句式表达："球要是进了就好了。"或者"要是球进了就好了。"图11、图12表现的情境也都很清楚，教师引导学生说出以后还可以请学生自由表达他们的愿望，直到学生熟练掌握为止。

（三）课文讲练环节

课文的讲练过程基本包括理解、语言点讲练、操练课文、活用这四个阶段。理解阶段主要以"听"或者"朗读"的手段引出课文。以"听"的方式导入，可以播放课文的录音，也可以由教师朗读，学生听。若以"朗读"的方式导入，教师没有必要将课文全部搬到课件上，而应让学生打开书看课文朗读即可。因为将课文照搬到课件上让学生朗读，并没有发挥多媒体课件的优势，反而增加了学生看屏幕的时间，造成视觉疲劳。在课文的处理过程中，多媒体通常用于理解阶段之后的语言点讲练、操练课文和课文的拓展练习部分。比如，操练课文的常用手段之一是"复述"，为了使学生的复述难度降低，可用PPT显示课文的提示文字，它们可能是句子的主要结构，也可能是一些关键词语，文字还可以通过颜色的变化或添加符号等方法强调重点或表达方式。第一遍复述时的提示信息可以多一些，学生可以顺利完成任务时，教师可利用课件减少提示信息，这样在增加难度的同时也训练了学生的语言表达能力。例如：

课文：

安　　娜：周末想不想……？

朴英花：我想去……，可是……呢？坐飞机……，坐火车……，
　　　　　时间都……。

安　　娜：我有……方案，又……又……，不光……，还可……。

朴英花：哦？说说看。

安　　娜：……动身，坐……次……，……到……，然后……，当晚……
　　　　　去……，……到，去参观……，还可以尝尝……。

朴英花：哇，太……了！那……呢？星期一——早还要……呢！

安　　娜：别着急，我们在……只玩一个白天，然后坐当……的……
　　　　　回北京，星期一……到，一点儿也不……！

朴英花：你的方案……是……好，就是……，准得……。

上图显示的是一篇对话体课文的提示词，可用不同的颜色来区别不同的角色，用文字的加粗强调"又……又……"和"……是……，就是…"两个重要的语言点，并可以在课文的语境中练习使用两个重点表达方式。此外，教师可以利用课文的框架，要求学生脱离课文的具体内容，做相对自由的扩展练习。第三步就是教师为学生提供一个旅游计划，让学生做对话练习，最后还可以让学生尽量用上所学词语和句式介绍自己的旅行，PPT显示如下：

日程：动身
　　　当天
　　　耽误
　　　先……，然后……，最后……
　　　返回
　　　印象

四、使用多媒体课件需要注意的问题

多媒体教学虽然在提高教学和学习效率方面有很多优势，但在使用过程中，也要注意避免出现以下问题。

（一）避免削弱师生互动

有些教师在课堂教学中过多地使用多媒体，甚至完全依赖多媒体课件展示，教师几乎成了多媒体课件的播放员，教师和学生都机械地被课件牵着鼻子走，从而造成教师无暇顾及学生的反应，减少了师生互动的内容，学生都是按照教师点击鼠标的节奏进行练习，少了学生自由表达思想的时间和机会，减弱了教师在课堂教学中的作用。因此，在教学中应明确"多媒体辅助课堂教学"的基本定位。要使课件的设计围绕着课堂教学的需要展开。教师要根据学生反应随时调整课堂教学安排，真正遵循"以学生为中心"的教学原则，做到教师讲解与多媒体课件的有机结合。

（二）避免代替所有的板书

多媒体课件的画面变换得很快，而且有时一个版面的文字信息较多，学生，特别是阅读能力较差的学生，还没来得及读懂或记录，画面已经转换，学生没有充分的时间进行思考，疲于跟随课件的进程，不能很好地消化和吸收课堂教学内容，这样不但增加了学生的疲劳感，而且可能挫伤学生的学习自信心，使他们慢慢失去对汉语学习的兴趣。此外，对于初级班学生来说，写汉字和认读汉字是基本学习任务。教师在课堂上适量地板书，一方面能给学生以笔画的示范，让学生感受到汉字的书写过程，增加学生对写汉字的熟悉度和亲切感，使他们乐于写汉字，产生写好汉字的心理动机；另一方面，教师板书的速度没有课件变换画面那么快，给了学生反应和记笔记的时间，且板书内容可以长时间地保留在黑板上，便于学生对教学内容的理解和记忆。所以，初级阶段的综合课教学中，板书是教师不可忽视的课堂活动之一。

（三）避免多媒体课件制作华而不实

多媒体课件虽然要求页面清晰、美观、布局匀称、合理，但并不是图片越多越好，页面越花哨越好。有些教师只顾一味地追求多媒体课件画面的漂亮，展示形式的多样，在一个页面内堆集了过多的图片，给学生一种眼花缭乱的感觉，在一个画面内看不到教师的展现意图，使教学重点不能凸显出来。在图片或文字的显示方式上也不断地增加制作难度，增加了很多动作或声音效果，这些都会分散学生的注意力，结果使学生在热闹的多媒体教学之后，脑子里只留下了一些对华而不实的影像或声音、音乐的印象，而对重点教学内容的收获并不多。这样的多媒体手段不但不能提高教学效率，反而有喧宾夺主的反作用。因此，我们在设计制作多媒体课件时应该做到只显示必要的图像，尽量采取统一的放映方式，使各种媒体形式为内容服务。

综合课技能教学的测试

第5章

第 ① 节　语言测试的设计

一、语言测试的设计原则

语言测试的质量评析可以从效度（有效性）、信度（可靠性）、区分度、可行性及反馈作用几个方面进行。因此，测试的设计也应从这几方面出发，遵循以下原则。

（一）兼顾测试效度、信度和可操作性

效度是指测试的有效程度，即测试内容和方法是否能测出预定测量的东西。效度又可分为表面效度、内容效度、结构效度和经验效度。测试要求有较高的内容效度。内容效度是指测试的内容是否是应该考查的，是否反映了测试要求，也就是说，测试题的内容是否能代表教学的主要内容，其覆盖面是否合理。要保证测试有较高的效度，首先要明确测试目的，明确要考查什么。其次要讲究命题技巧。比如，我们想了解学生的汉语写作能力，却不要求学生写作文，而用多项选择题考他们的语法，这样的考试就毫无意义。

测试信度关注的是汉语成绩测试的可靠性或稳定性，也就是说考试成绩是否反映了学生的实际水平。如在某时段内，一组学生在不同场合或不同时间考同一份试卷，由不同的人评分，所得分数相差无几，或先后考两套题型相同、难度相近的考卷，两次结果基本一致，那么测试的信度就高，否则信度就低。要保证考试高信度的条件是试题的同质性、区分性及评分的客观性等。

测试信度和效度是测试的两大评析标准，而两者之间又存在着复杂的关系。即信度是效度的必要条件，如果得出的结果不可靠，考试自然无效。但信度不是效度的充分条件，两者之间存在着相互排斥的矛盾关系，比如，只用多项选择的形式测试学生的语言知识，尽管相当可靠，但并不能完全测量出学生的语言能

力，效度不高。

此外，测试形式、题型、题量的确定应考虑实施测试的客观条件。首先，测试的实施和阅卷会受到人力的限制。无论采用哪种形式或方法测试，都应便于监考人员的管理，测试后教师能在规定的时间内完成标准化的阅卷工作。其次，测试的实施还会受到环境与设备的限制。比如，有些口语、听力测试需要音效良好的语音录播设备，若所在教学机构不具备相应的硬件设施，则应考虑改变测试方式，以保证测试能顺利进行。总之，我们在设计测试时要综合考虑测试的信度、效度和可行性，使三者达到合理的平衡，既保证测试有一定的信度、效度，又能顺利实施。

（二）科学把握测试的区分度

区分度指测试题目对学生汉语能力的区分程度或鉴别能力。如果学生的水平差别很大，而测试的结果却很接近，则说明该考试不能把高水平和低水平的学生区别开来，其区分度差。

测试区分度要从试题的难易度和试题的区分度两方面考虑。试卷中应该包括适当比例的难易程度不同的试题。一般认为，30% 到 70% 的受试者都能做对的题目（即难易度为 0.3~0.7）比较适中，指数越大说明试题越容易，指数越小说明试题越难。试题应该难易适度。太难，即使是优等生也答不对；太容易，所有学生都能答对，甚至有些试题中命题人故意布了陷阱，结果造成优等生答错，而差生的答对率却很高，这样的试题就没有意义。一份试卷中难度值低于 0.3 或高于 0.7 的试题不宜太多。

虽然试题的区分度越大，试卷的信度就越高，试题的质量也就越好，但成绩测试的目的是为了测量出一个考生是否完成特定的学习要求。虽然成绩测试也能够分辨考生成绩的优劣，但在考试内容的选择上，并非着眼于那些最有分辨能力的东西，而是着眼于那些最能代表教学目标的内容。

（三）保证语料的真实性与实用性

语言测试的测点是语言知识和语言技能，其测试材料皆与语言相关，要么是语言要素，要么是能表达一个完整意义的句子或语段，无论是哪种测试材料，都应追求其真实性和实用性。例如：

指导语：画出你听到的音节。

① rènwéi（√）　　② guǎngbē　　③ zháojí　　④ zhǔyi（√）

lènwéi　　　　　guǎngbō（√）　　zǎoqǐ（√）　　zhùyì

上例中①②两题中分别出现了"lènwéi"和"guǎngbē"这两个在汉语中根本不存在的音节组合，测试中让学生认读就没有任何意义。相反，语音听辨的材料可以如③④题那样编写，即所有音节都是真实的，且有相似之处，要靠学生的听辨能力确定所听到的音节。

测试语言知识的语料大部分还是句子，有时命题者为了考查到测点而忽视了句子的自然性，比如：

指导语：下面有 ABCD 四个位置，请画圈标出所给词语的正确位置。

他 A 女 B 朋友是一个既漂亮 C 又聪明 D 姑娘。（的）

上例完整的句子是"他女朋友是一个既漂亮又聪明的姑娘。"这个句子很不自然，生活中大概没有人这样说话，人们通常会说"他女朋友既漂亮又聪明。"命题者之所以编写出这样不真实的语句是为了加长句子的长度，制造出更多学生可能将所给词语"的"放置错的位置，来考查学生对结构助词"的"用法的掌握。

考查学生语言技能时采用的语料多为语段，因而会涉及语境或情景，为了能更好地测试学生的语言技能水平，试题设计的情境，对学生来说应该是真实的，也就是他们现在或者将来可能会遇到的情境，比如：有些试卷的命题写作题是"给父母的一封信"，我们相信大部分学生的父母是不懂中文的，所以学生应该没有机会用中文给父母写信，写作题目若改成"给中国朋友的一封信"，则更真实、实用。可见，命题人在编制试题之前，应该根据教学内容对学生的交际需求做一总结和分析，明确交际的参与者、交际目的、交际范围、交际场合、交际手段、交际内容，再综合考虑学生的认知特征、背景知识、兴趣等因素，最后确定试题的语言材料和情境，使之真实、实用。

二、语言测试的内容

（一）决定测试内容的依据

1. 依据测试的性质和类别

考试因目的和用途的不同而有了不同的考试类别，测试者在设计考试前首先应明确考试类别。常见的语言测试有三大类：水平测试、学能测试和成绩测试，而关乎综合技能教学的测试则属于成绩测试类别。成绩测试通常用来测量学生在规定的语言课程时间里学到了什么，学得怎么样。"成绩测试有两个特点：（1）它与语言课程有直接关系，它的目的是确定学生或语言课程在达到教学目标方面有多么成功。（2）成绩测试是以某个教学大纲为基础的。"[1] 也就是说，成绩测试是服务于教学的，可帮助教师判断教学效果，随时调控教学进程和教学方法，使教学成果最大化。

成绩测试按照汉语要素分类可以分为：语音测试、汉字测试、词汇测试、语法测试；按照汉语技能分类可以分为：听力测试、口语测试、阅读测试、写作测试等；按照教学时段分类可分为：随堂测试、单元测试、期中考试、期末考试等；按照测试方式可分为分离式测试和综合式测试；按照测试目的分类可分为：分班测试、发展性测试、诊断性测试和终结性测试。其中发展性测试又称进步性测试、形成性测试，它一般以系列测试的形式出现，目的是测量汉语学习者所取得的进步，检查他们是否掌握了课堂上所学的内容，此外，还为调整教学策略提供相应的信息。诊断性测试是用来确定学生汉语学习缺陷和障碍的一种测试，即检查学生在哪些方面犯了错误，从而找出补救的方法，以改进教学。发展性测试和诊断性测试的主要区别在于前者关注的是学生的学习收获，即学生学习的成功度，而后者关注的是学生学习的缺失是什么，即学习的失败度。终结性测试又称总结性测试，它一般是在学期末课程结束时进行，目的是总结评定学生的学习成果。当然，成绩测试还有按照其他标准进行的多种分类，但要设计好初级汉语综合课教学过程中进行的一系列测试，首先要明确的是测试目的，目的是测试内容、测试形式、题型等一系列设计内容的首要决定因素。每一个测试除了有它的目的以外，还会因考查的内容、所处教学时段等方面的不同而赋予一个测试不同的性质。明确的测试目的和它所特有的性质便决定了一个测试特定的类别。比如，当语音教学完成时，教师要随堂考查学生对汉语语音知识掌握了多少，掌握得怎么样，这就决定了该测试是以语音为考查内容的发展性随堂测试。确定了一次测试的类别性质，施测者才能依照它来确定试卷设计的方案，如：内容、题型、题量、考查重点等细节问题。

2. 依据教学大纲

成绩测试是考查学生对所学知识的掌握情况，而学生的学习是在教师教学指导下进行的，教师的课堂教学设计又是根据教学大纲设计的，可见教学大纲是指

1　杨翼（2010），《对外汉语教学的成绩测试》，北京大学出版社。

导教学全过程的纲领性文件，它明确了本课程的教学对象、教学时间、教学总目标、教学内容、教学要求、教学途径、教学原则、对教师的要求、测试与质量评估，等等。凡是测试就要有测试内容，它是所有测试都要涉及的。因此，有关教学过程中对学生实施的考查学生学习情况的测试都离不开教学大纲，教师要依据大纲列出考查的内容、重点，并准备相应的命题资料，只有这样，测试才能真正达到测试的目的，使之达到与教学大纲一致的目标。

（二）测试内容的确定

1. 确定对学生汉语知识掌握的程度要求

上文提到编制试卷前首先要根据教学大纲确定考试内容。成绩测试内容就是教学大纲所列项目的代表性样本。当然，教学大纲所列的这些项目是被仔细地审查过的，而且规定了学习期限，所以无论是随着教学进程而进行的测试，还是终结性的期末考试，测试者确定测试内容都应以教学大纲为依据，结合教师在教学实践中补充的内容。在测试内容样本的选择方面，要注意它是否是汉语教学任务的代表性的抽样。但海外的某些教学机构，由于汉语教学起步较晚等原因，还没有完备的教学大纲，测试内容则应该依据教材及教师的课堂教学内容而定，但又不可能将课堂上所教授的所有内容面面俱到地考查到，这就需要教师对教材每一课的内容以及教案中补充的内容进行总体性的抽样，即筛选出常用的，学生必备的内容进行考查，并使抽取出的样本能够反映和代表总体教学内容，样本的数量也应合理，只有这样测试才能达到较高的内容效度。

测试对每项内容的考查都有不同侧面、不同层次的要求。若教学大纲未做出如此详细的规定，教师则应该根据教材及教师的课堂教学内容来加以确定。比如，"从来"一词的用法，在初级汉语学习阶段，通常只要求学生掌握它在否定句中的用法，教师会告诉学生："从来"表示"从过去到现在"，通常用于否定句。如"来中国以前他从来没吃过中药。"至于"从来"用在肯定句中的用法，如"他从来都是一个人去旅行。"由于它没有前者的使用频率高，且对句子有特殊的要求，因此在初级汉语教学阶段通常不要求掌握，自然也就排除在测试内容之外。所以命题者应对测试项目的测试点有相当准确的把握，既要保证它在教学范围之内，又要保证它具有实用价值。

2. 确定对学生汉语言能力的要求

要保证测试的效度就要保持测试目标与教学目标的一致性。教学目标除了规定学生应掌握的语言知识外，还会在汉语听、说、读、写等技能方面做出规定。所以，在测试内容方面还要进一步区分是在考查学生的汉语知识还是汉语技能。若要求学生完成汉语语音、词汇、汉字、语法等方面的测试内容，就属于对知识的考查；若要求学生使用汉语进行听、说、读、写，则属于技能考查。无论汉语知识还是汉语听、说、读、写等方面的技能，都是汉语言能力的组成部分，施测者可以通过检测学生对知识的掌握情况以及学生语言技能水平的了解，从而推断出学生在完成学业后，作为汉语学习成果的整体汉语能力。

美国教育学家本杰明·S·布鲁姆在其《教育目标分类》中，把教育目标按照从低到高的次序分为识别、理解、应用、分析、综合、评价六个层次，低一层的汉语能力为高一层汉语能力的基础和保证，高一层的能力表现是以低一层的能力做支撑的。具体到汉语测试中，这六个层次可以解释如下：

（1）汉语"识别"层次只要求学生识记和辨别，它属于知识范畴。测试时，只需要学生对学过的汉语语音、词汇、语法、语用等方面的形式和意义做出相应的判断。比如，要求学生识别正确汉字字形的题目"选择汉字填空：心___（请、情、清）"该题目只要求在汉字"请、情、清"中识别出"心情"的"情"即可。

（2）汉语"理解"层次要求学生在识记和辨别的基础上使用汉语复述、解释和归纳所学的知识，在测试时需要学生通过听和读的手段接受输入的信息，然后通过识别知识达到对信息的理解，并完成能测量出学生达到"理解"的试题。

（3）汉语"应用"层次要求学生能在特定的语言环境下使用汉语来完成交际任务。在测试时，学生需完成诸如"用所给词语造句""完成句子""完成对话"等测试题目。

（4）汉语"分析"层次要求学生能够把用汉语呈现的某一事实或汉语的某一级单位，比如一个汉字、一个词语、一个句子或者一个语段，分解为若干组成部分，并能理解这些组成部分之间的关系。测试时，需要学生能完成诸如"划分汉语音节""指出汉字的组成部件""分析句子结构""分析篇章结构意义"等一类的题目。这里需要强调的是，语言测试的目的不是分析，而是应用。

（5）汉语"综合"层次是汉语学习者综合运用和发挥其汉语理解、运用及分析能力而获得的一种综合性的更高一级的能力。测试时，需要学生完成某项综合性的汉语任务，比如要求学生完成"重组句子""改写""口头表达""写作"等题目。

（6）汉语"评价"层次要求学生在准确理解的基础上能综合运用汉语知识，发挥汉语能力，对某个作品、某种方法或结论等做出自己的判断和评价。测试时需要学生用口头或者文字形式做出评论性的回答。需要强调的是，在初级汉语教学阶段，一般不做"评价"层次的要求。

3. 从测试内容的角度制定试卷结构

（1）测试内容比例的设定

根据考试目的、考试类型，确定测试内容后，命题者接下来要做的就是制定试卷的总体结构，即合理划分各部分内容所占比例，包括按照语言要素分类的词汇、语法等项目的比例，以及按照能力层次分类的识别、理解、应用、分析、综合等几个层次的比例划分。要做到合理划分测试内容的比例，必须依据教学大纲对教学目标的描述：培养学生跨文化的汉语交际能力。而交际能力是可以划分为具体的语言知识和语言技能的，同时它也是通过知识水平和技能水平来体现的。也就是说，要了解学生的汉语交际能力，还是要通过测量汉语知识和技能才能实现的。

测试目标应与教学目标一致，所以在试卷测量内容的比例安排上要重"应用"，轻"知识"，反映在试卷结构上就应该是考查汉语使用技能（包括读写）的题量及分值应该多于考查汉语知识（包括词汇、语法）的题量及分值。若从测量学生"识别""理解""应用""分析""综合""评价"六个层次能力的角度看，初级水平的汉语成绩测试要反映学生从低层次能力向高层次能力的发展过程，而高级水平的汉语成绩测试则应以考查高层次能力为主。具体到某一份试卷中各部分内容比例的制定，还须在上述原则的基础上，根据本教学单位的测试要求和具体的教学对象来确定。

（2）制定考试细目表

考查内容的比例划定后，试卷设计者要根据考试时间考虑试卷各部分的题目数量为多少才能保证起码的测试效度。为方便命题者能按照要求命题，制定试卷测试内容的双向细目表是十分必要的。下面以一份初级综合课期末考试笔试卷为例，对细目表所含的基本内容及制定方法进行简要说明。

分类　内容	识别	理解	应用	综合	题量	分值	比重	预计完成时间（分）
汉语词汇	5	5	5		20	15	15%	25
汉语语法		5	10		20	15	15%	
汉语阅读		20			两篇10题	20	20%	20
综合填空				20	两大题共10小题	20	20%	20
写句子				20	两大题共10小题	20	20%	20
写短文				10	1	10	10%	25
总计	5	30	15	50		100	100%	110

　　上表未列题型，命题者应针对不同的测试和测试目标选择合适的题型，比如，对汉语词汇测试的题型有词语搭配、选择适当的词语填空等。语法测试题常采用整理句子、把所给词语填在句中最恰当的位置上、判断句子对错、改写句子等题型。测试汉语阅读常用根据短文内容判断正误、选择正确答案、读短文后回答问题等题型。综合填空的题干是一段留有若干个空的语料，备选项有对每个空进行多项选择和多项选择对多空两种形式。写句子通常包括完成句子、造句等题型。写短文包括用所给词语（若干个词语）回答问题、命题作文等形式。

　　上表测试内容中的语法和词汇部分应属于对汉语知识的考查，占试卷总分值的30%，其他内容应属于对汉语综合读写技能的考查，占试卷总分值的70%。从能力层次的角度看，从低级的识别能力到高级的综合能力都有测点，但因为是初级水平的测试卷，不含分析、评价层次也是合理的。而在所测量的四种层次中，高级的综合能力的试题占50%，比例最高，这也符合试卷结构制定的基本规律。

　　从上表可以看出各题的平均分值，分值的高低又是根据试题的难易度与是否为测量重点来决定的，即试题越难，分值应该越高，测点越重要，分值应该越高。如上例中的汉语词汇和语法的测试题可能因题型的不同而形成难易差别，比如词汇考查题型中的词语搭配题与多项选择题相比，显然词语搭配的难度略低于多项选择，因为多项选择的备选项通常是根据学生的偏误编制的，具有相当的迷惑性，而词语搭配的判断选择相对简单。如上例试卷词汇测试共有20题，可设计词语搭配10题，共5分；选择适当的词语填空10题，共10分。语法测试题同理。上例中的汉语阅读、综合填空、写句子三项平均每题2分，写短文10分。这样的分值反映出了本次测试的重点和目标，但它们没有严格的规定，命题人应在通盘考虑测试目标、题型、题量等因素合理划分各题的分值。

第 ② 节　测试题的编制

一、测试题型的确定

（一）初级综合测试题型概述

汉语测试的题型有很多种，但在听、说、读、写等几种测试方法中又会有较大的区别和不同的侧重。在初级汉语教学阶段，学生综合技能考试通常分为读写测试（综合笔试测试）、听力测试和口语测试。由于测试目标不同，测试形式不同，为了能准确测量出学生对不同内容在不同能力层次上的学习成果，施测者自然要用不同的手段，具体表现为选用不同的题型来实现测试的目的。如测量学生的写作能力，用听写的题型就不行。下面我们比较一下三种测试中常见的题型：

1.读写测试题型

题型	题型子类	
多项选择题	有题干，3-4 个选项，唯一 1 个选项正确	1.选择指定的词语在句中的位置 2.选择句中画线部分的意思
	没有题干	在 3-4 个句子中选择一个正确的句子
填空题 （不提供选项，学生根据要求填写答案，答案可能不唯一）	1.写出包含某一同部首的汉字 2.用语素组词 3.词语搭配 4.词语填空	
综合题 （以多种形式考查不同的技能）	1.阅读理解 2.综合填空	

（续表）

题型	题型子类
写作题 (以句子或篇章的形式完成题目的要求)	1. 完成句子或对话 2. 用所给词语回答问题 3. 造句 4. 改写句子 5. 改错 6. 用所给的词语写一段话 7. 就句中画线部分提问 8. 命题作文

2. 听力测试题型

题型	题型子类
填空题	1. 听音节填声母和韵母
	2. 听音节填声调
判断是非题	1. 听句子，判断正误
	2. 听对话，判断正误
	3. 听短文，判断正误
多项选择	1. 选择听到的音节
	2. 听句子，选择正确答案
	3. 听对话（包括单一话轮和多话轮的对话），选择正确答案
	4. 听短文，选择正确答案

3. 口语测试题型

题型	题型子类
朗读	1. 朗读句子
	2. 朗读短文
看图说话	1. 看图，用所给词语说一个句子
	2. 看图（多幅图）说话
回答问题	1. 回答老师的问题
	2. 根据学生朗读的内容，教师提问，学生回答
话题叙述	1. 根据所给题目和提示内容说一段话

从上表可以看出，虽然三种测试内容量相当，但读写测试的题型最为丰富，而听力和口语的题型相对比较少。主要原因是读写测试考查的内容项目从小到大，大到可以考查学生的综合的写作能力，小到对汉字识别的考查，而听力、口语是单项技能测试，特别是口语测试，无论是什么样的题型，都是要学生通过"说"来表现的，因此，题型相对较少。

（二）综合性测试（笔试）题型的确定

由于读写考试的内容最为丰富，包含从"识别"到"综合"五个能力层次，试卷设计和编写也是最为复杂的一个种类，我们就以期末的综合笔试试卷的设计为例，对试卷设计进行说明。

在初级汉语教学阶段，汉语要素的教学，即语音、汉字、词汇、语法的教学占有相当重要的地位，反映在综合性笔试测试卷当中，就表现为以汉语要素为测试点的题目通常占有一半以上的比例，因此这部分题目设计要领不容忽视。

测试内容和测试点一旦被确定下来，施测者就要考虑用什么样的方式测量。也就是说，选择什么题型对某一测点实施测量，要看测点是什么。比如，要考查学生对表示转折的连词"但是"的掌握情况时，通常是要考查学生对"但是"的"转折"语义的掌握，以及对与"但是"成对搭配使用的固定格式，如"虽然……但是……"的掌握情况。题目可以有以下几种：

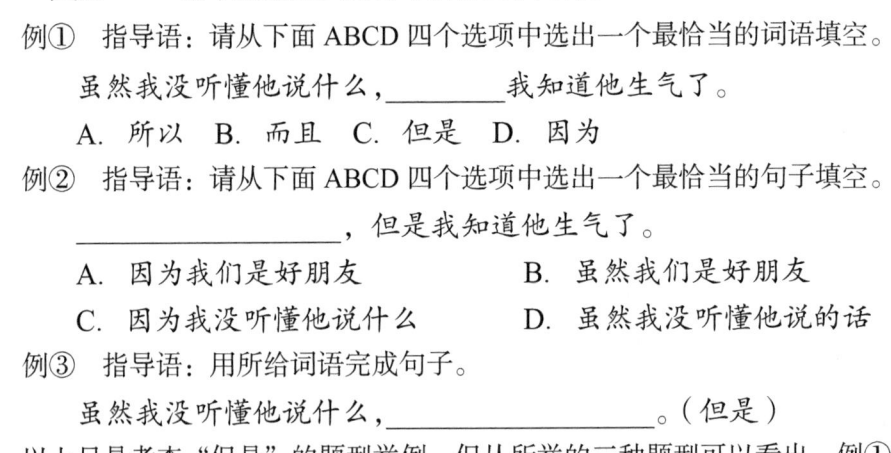

例① 指导语：请从下面 ABCD 四个选项中选出一个最恰当的词语填空。

虽然我没听懂他说什么，＿＿＿＿＿＿我知道他生气了。

A. 所以　B. 而且　C. 但是　D. 因为

例② 指导语：请从下面 ABCD 四个选项中选出一个最恰当的句子填空。

＿＿＿＿＿＿＿＿＿，但是我知道他生气了。

A. 因为我们是好朋友　　　　B. 虽然我们是好朋友

C. 因为我没听懂他说什么　　D. 虽然我没听懂他说的话

例③ 指导语：用所给词语完成句子。

虽然我没听懂他说什么，＿＿＿＿＿＿＿＿＿。（但是）

以上只是考查"但是"的题型举例，但从所举的三种题型可以看出，例①考查的是学生是否掌握"但是"表示转折语气；例②考查的是在掌握了"但是"语义的基础上，学生是否掌握与之搭配的"虽然"小句的正确使用；例③则是考查学生能否根据语境，正确使用"但是"完成一个句子。三例中的测点成递进的关系，即从例①到例③的难度是逐渐加大的。而对于副词"却"，由于它与"但是"相同，都表示转折语气，学生常常混淆二者，说出诸如"同学们都回家了，却他还在教室里写作业"的错句，原因是学生没有掌握"却"作为副词的特点，即它应该用于句子主语后，因此"却"在句子中的位置常常成为测点，若如此，显然选择以上所举的三种题型都不合适，而下例更为恰当。

　　例子④　指导语：下面有ABCD四个位置，请画圈标出所给词语的正确位置。

　　　　家人A都B记得今天是他的生日，C他自己D忘了。（却）

　　可见，不同的题型能反映不同的测点，反之，也可以说明，教师需要根据不同的测点选择不同的题型。

二、汉语读写测试的常见题型及题目编写技巧

　　综合技能笔试测试含两部分测量内容：汉语知识和汉语技能。汉语知识包括语音、汉字、词汇、语法知识，技能则包括能书面反映的汉语应答交流、阅读和写作能力。

（一）汉语知识测量的常见题型与试题编写

　　对汉语知识，也就是汉语要素测试的题型多种多样，但从认知加工的角度进行概括，可大致分成两类：选择性测试和建构性测试。所谓选择性测试是指题干和选项都提供给学生，只需要学生根据题目要求（指导语），对所给信息进行正确的判断和选择。常见的选择性测试题型有多项选择题、是非题、配对题和提供选项的填空题。

　　1. 多项选择题

　　（1）多项选择题的特点

　　多项选择题是由一个题干和三个以上（通常为四个）被选项或无题干，只由几个被选项组成，其中一个为正确答案，其余的为干扰项。它是外语测试中常见的一种题型，可以多角度、多层次地测量单项的知识和技能，具有一定的诊断作用。干扰项通常源自学生的汉语中介语，也就是在学习过程中常犯的错误。教师可以通过学生的选择，发现问题所在，及时予以纠正。其优点是试题覆盖面广，信度较高，阅卷省时省力；缺点是题目较难设计，效度较低，这是因为该题型只要求学生在备选项之间进行选择，可能出现猜测答案的现象，失去测试的效力。

同时，多项选择题也不能测量出学生的汉语表达能力等，所以其测试效度比较低，对教学和学习有消极反拨作用。

多项选择题可分为以下两种：有题干的多项选择题和无题干的多项选择题，两种多项选择题的主要形式和功能如下：

①有题干的多项选择题

序号	指导语（题目要求）	举例	功能
1	下面有 ABCD 四个选项，请从中选出最恰当的汉字填空。	我喜欢喝中国_____。 A. 来　B. 茶　C. 苹　D. 菜	考查对汉字的识别和使用
2	下面有 ABCD 四个选项，请从中选出最恰当的词语填空。	上次是你付的钱，这次该_____我付了。 A. 被　B. 把　C. 由　D. 请	考查词语的意义和使用
3	下面有 ABCD 四个位置，请画圈标出所给词语的正确位置。	A 这个问题 B 都 C 能 D 解决。（谁）	考查词语在句子中的位置
4	下面有 ABCD 四个选项，请从中选出最恰当的句子填空。	怪不得他今天迟到了，_____。 A. 因为他病了 B. 原来他病了 C. 所以她病了 D. 原来老师都不高兴了	考查在一定的语境中使用恰当的句子

从上表所列有题干选择题的四种分类的功能可以看出，命题人可以使用这种题型测量学生对不同语言要素的掌握情况，还可以就同一语言要素，在不同难度层次上，也可以说是不同技能层次上（从低级的"识别"到高级的"综合"运用）进行考查。

②无题干的多项选择题

序号	指导语（题目要求）	举例	功能
1	下面这段话画出了 ABCD 四个部分，请画圈标出有错误的一部分。	不但中国人　喜欢喝茶，　也外国人 　　A　　　　　B　　　　　　C 喜欢喝茶。 　D	可考查词汇、语法知识
2	下面有 ABCD 四个选项，请从中选出语法正确的句子。	A. 小王打篮球得很好。 B. 小王篮球打得很好。 C. 小王打得篮球很好。 D. 小王很好打得篮球。	主要用以考查句法结构

从上表可以看出，无题干的多项选择题在汉语知识的测试中主要有两种形式，一种是把语段分成若干部分，学生挑出有错误的一部分。另一种是直接呈现出若干个句子，学生挑出正确的句子。由于这类多项选择题没有题干，选项都以句子的形式呈现，这就需要学生具有一定的词汇和语法知识基础才能作答，难度较大，因此，该题型尤其是第一种在初级汉语综合技能测试中不常使用。

（2）多项选择题的命题要求

第一，题干表述要求语言正确、完整、简洁。

题干语言正确、完整、简洁是对命题的最基本的要求，因为这是学生作答的前提，如果题干表述不清楚、不完整，学生则不能对题干信息产生正确的认识，从而不能做出正确的选择。

第二，利用学生偏误编写干扰项。

以学生在汉语学习中经常出现的典型偏误为依据来设计干扰项，会大大增强选项的迷惑性，这样也能使题目具有较好的鉴别性。例如：

A. 今天下午我要见面网友。

B. 今天下午我要见网友面。

C. 今天下午我要网友见面。

D. 今天下午我跟网友见面。

上例干扰项ABC，特别是A，为学生在使用"见面"一词时的常见偏误，学习效果好的学生能够正确辨别，做出正确的选择D，使试题能更好地测量出学生的学习成果；而学习效果差的学生则不能正确选择，教师可以根据学生的具体选择，发现问题所在。

第三，避免任何暗示线索。

编写多项选择题时，可能会出现试题给学生暗示答案的现象。命题者应从三方面加以注意，首先，避免题干出现暗示线索，例如：

听说他网球打得很好，可他自己却说＿＿＿＿＿＿。

A. 打不好　　　B. 不打好　　　C. 打得不好　　　D. 不打得好

上例的测点应该是程度补语，更精确地说是程度补语的否定形式，但题干中已经出现了"打得很好"这一程度补语肯定形式，即"动词＋得＋…＋形容词"，学生很可能从中得到答案线索，而选择正确答案"C"。

其次，避免选项出现暗示线索。命题者在编写备选项时，不但要尽可能保持选项长度的相似，还要尽量保持备选项结构上的一致。若实在难以做到长度上的相似，也要做到两两相似，因为较长的选项往往把答案暗示给了学生。在结构上，若在四个选项中只有一个与其他三个的结构不一致，这就为学生提供了猜测答案的可能，使得选项的迷惑性大大降低。例如：

那个饭馆的菜又便宜＿＿＿＿＿好吃。

A. 又　　　　　　　　B. 而且　　　　　　　　C. 并且

上例三个选项只有"A"为单音节，在长度上最短，学生可能猜测出"A"为正确答案。

除以上两种情况之外，命题者还应避免在同一份试卷中题目之间的暗示线索，例如：

那里的风景＿＿＿＿＿亮极了。

A. 票　　　　　　　　B. 飘　　　　　　　　C. 漂

他写的汉字又＿＿＿＿＿又整齐。

B. 美丽　　　　　　　B. 漂亮　　　　　　　C. 优美

上例第二题的选项 B，给出了"漂亮"一词的正确的汉字形式，致使第一题无效。

2. 填空题

（1）填空题的特点

填空题是要求学生填充短语、句子或语段中缺失部分的试题，可分为选择性填空和建构性填空两类。选择性填空是试题本身已经为学生提供了备选答案，只需学生在备选答案中进行选择即可；建构性填空题是试题本身不提供任何答案信息，需要学生根据自己的汉语知识予以填充。很显然，建构性的难度高于选择性的难度。

选择性填空的缺失部分可以是汉字、词语或句子等。题干通常以词语、句子或语段的形式出现，还可以图画、表格的形式出现。选择型填空题因备选项形式的不同，大致可分为以下几类：

选择性填空题的种类：

序号	试题特征	举例
1	二选一的填空题	咱们坐公共汽车去＿＿＿＿＿坐地铁去？（还是/或者）
2	四选一的填空题	他＿＿＿＿＿老师给他们更多机会练习口语。 A. 希望　B. 愿意　C. 高兴　D. 想
3	二选二的填空题	我昨天晚上2＿＿＿＿＿才睡，只睡了5个＿＿＿＿＿。（点/小时）

（续表）

序号	试题特征	举例
4	多选多的填空题	例① 做 打 喝 写 他_____的汉字很漂亮。 我经常给父母_____电话。 我喜欢_____可口可乐。 今天晚上我得_____作业。 例② 欢迎 以为 流行 比如 还是 在中国打乒乓球很_____。不管是老人_____年轻人都喜欢打乒乓球。有的外国人_____中国人只喜欢打乒乓球，其实（qíshí）（actually）中国人什么运动（yùndòng）（sports）都喜欢，_____打网球、篮球、游泳等等。打乒乓球、打太极拳、唱歌和跳舞深受老人们的_____，而年轻人更喜欢去健身房锻炼。

以上前三种填空题，其实质与有题干的多项选择题基本相同，其特点也与多项选择题相似，此处不再赘述。第4种多备选项对多空的填空题与前三种不同，其优点是：有助于学生建立良好的学习策略。它需要学生综合运用自己的汉语知识和技能，根据句子的语境或者在整体理解语篇意义的基础上完成补全句子或语篇的任务，这对学生建立综合运用汉语知识和技能来理解语句、语篇的学习策略有所帮助；测试范围广，信度、效度较高。多备选项对多空填空题的题干涵盖从词汇到语篇多个层次，使得测点涉及的范围比较广，同时也可以从多个层次上测量学生的汉语能力，使测试题能更准确地反映学生的学习成果，提高了测试效度。该题型评分客观，信度较高；阅卷省时省力。此类填空题的缺点是题目编写的难度比较大。

（2）填空题的命题要求

第一，根据预定难度决定题干的层次。

上文提到过，填空题的题干包括词汇、词组、句子和语篇。它们之间的关系是从低级到高级，由易到难的关系。其中最低层次的是词汇层次，学习者不用看词汇以外的上下文语境就能决定，而最高的语篇层次，则要求超出句子的范畴，在语篇的层次上综合考虑才能完成任务。从语言能力测量的角度看，语篇层次能更真实、全面和准确地测量出学生综合运用汉语知识的能力，其测量效度最高，但难度也最大，命题者需根据预定的难度选择题干的层次。

第二，语料选择要适宜。

题干的层次确定后，命题者面临的就是编写或者选择语料的问题。首先，语篇题干应控制长度，对初级水平的学习者来说，100 字到 300 字之间的长度较为适宜，命题者还应根据学生的实际水平把握题干的字数。其次，语料语言应当规范，文体以记叙文为主，题材、内容应与教学内容相关。这样才能比较真实地反映学生的学习效果。

第三，删词的位置和间隔的长度适宜。

选择好语料，接下来要进行的就是删词工作，命题人应根据测点是什么来决定需要删掉的词语。例如：

上个星期我和朋友一起去吃烤鸭。饭馆里人很多，非常____1____。我们坐在位子上等了半个多小时服务员____2____过来招呼我们。____3____等了半个小时，菜终于上来了。我们吃到一半的____4____，一个服务员不小心____5____一盆汤全洒在我朋友的裤子上。你说我们今天倒霉不倒霉！

1. A. 热情　　　B. 热烈　　　C. 热闹

2. A. 才　　　　B. 就　　　　C. 便

3. A. 再　　　　B. 又　　　　C. 还

4. A. 时　　　　B. 时候　　　C. 时间

5. A. 把　　　　B. 被　　　　C. 让

从上题所删词语不难看出，空 1、空 2 是在句子的层面上考查学生对"热闹""才"的语义的掌握情况；空 4 考查的是"时候"与"的"应该搭配使用的规则；空 5 是考查对语法"把"字句的掌握情况；这四个空都是在句子的层面上，即根据句子的语境就可以完成的填空，而空 3 是考查学生对"又""再""还"用法的掌握，但影响该空正确填充的语境已经超出了句子的层面，上升到语篇层次，需要学生具有综合语言知识的能力。总的来说，以上 5 个空的填充有难有易，充分发挥了语篇完形填空的优势。

观察上例删词的间隔，基本上是一个句子中被删掉了一个词语。这样看起来是合理的。在外语测试中有定距删词和合理删词两种做法。所谓定距删词就是固定间隔词数删掉一个词，一般的标准是间隔 5—11 个词，因为少于 5 个词太难，多于 11 个词太容易。而合理删词是指不定距地，根据测点的需要选择删除短文中的一些词语。这样就加强了测试的目的性和实用性，但命题人也要考虑由于间隔长度造成的难易程度的不同，合理安排间隔长度，保证上下文语境能支持学生完成填充，并做到难度适宜。

（二）汉语技能测试的常见题型与试题编写

汉语技能通常包括听、说、读、写几方面，在汉语笔试测试中涉及能书面反映的交际技能，具体表现为会话能力以及阅读理解和写作能力。要测试上述几种技能，只靠单句是无法完成的，因此，技能测试的题干通常要涉及对话体或叙述体的语段。其常见测试方式如下：

1. 测试会话能力

会话技能的培养是初级汉语学习阶段的主要教学目标之一。要求学生能完成以生存需要为主要内容的会话任务。常见题型有：

（1）完成会话

例如：A：_____？

B：我来北京两个月了。

A：_____？

B：我还没去过呢，你呢？

A：我也没去过呢。

B：_____。

A：好啊。咱们怎么去呢？

B：_____。

从上例可知，会话技能测试的主要目的是考查学生能否就语段的上下文语境，准确进行提问和应答。因此，命题要求测点有问有答，而且要求学生完成整句，而不是词语。完成会话，必须有语境限制，尽量避免整个话轮的留白现象，那样就成为学生自由编写会话了，难以确定测试目标。

（2）根据短文编写对话

例如：昨天晚上小王玩儿电脑玩儿到半夜3点钟，今天早上一起床就觉得头疼、恶心，小王决定去医院看看。大夫问了小王的病情，又给他试了表，体温很正常。大夫又问了小王这两天的生活情况。最后大夫也没给小王开药，只是让他回家好好休息。小王觉得很奇怪。

（大夫和小王的对话）

大夫：_____

小王：＿＿＿＿＿＿＿＿＿＿＿＿＿＿＿＿＿＿

大夫：＿＿＿＿＿＿＿＿＿＿＿＿＿＿＿＿＿＿

小王：＿＿＿＿＿＿＿＿＿＿＿＿＿＿＿＿＿＿

大夫：＿＿＿＿＿＿＿＿＿＿＿＿＿＿＿＿＿＿

小王：＿＿＿＿＿＿＿＿＿＿＿＿＿＿＿＿＿＿

大夫：＿＿＿＿＿＿＿＿＿＿＿＿＿＿＿＿＿＿

小王：＿＿＿＿＿＿＿＿＿＿＿＿＿＿＿＿＿＿

大夫：＿＿＿＿＿＿＿＿＿＿＿＿＿＿＿＿＿＿

小王：＿＿＿＿＿＿＿＿＿＿＿＿＿＿＿＿＿＿

该题型表面上看是要求学生编写对话，但学生不能随意编写，它是受前边语段语境限制的，它与"完成会话"的测试目的是一致的。由于该题型要求学生自己编写会话，命题人需注意短文的长度，并如上题，规定好话轮的长度。

2. 测试阅读能力

（1）阅读能力及常见测试题型

汉语阅读能力测试是要测量学生对一段汉语语料阅读后理解的能力。人们倾向于把阅读理解看成是一个由众多不同类型、不同层次的小能力或次能力组合而成的概念。[1]测试专家通常把阅读能力分为高层能力和低层能力，其中低层能力指对更具体的语言能力的掌握，包括：

*识别词汇、词组，并理解其意义。

*理解句子内部成分的关系。

*能理解概念的意思。比如，原因、结果、比较、让步等。

*理解文章各部分之间的关系。

高层次能力包括：

*掌握所读材料的主旨和大意。

*了解阐述主旨的事实和细节。

*根据上下文判断某些词汇和短语的意义。

*理解上下文的逻辑关系。

*领会作者的观点、意图和态度。

可以看出，高层次能力是以低层次能力为基础的，不具备低层次能力，也就谈不上阅读理解能力了。无论什么样的能力，都是可以被测量的，所以，命题人

1　刘润清、韩宝成（2000），《语言测试和它的方法》，外语教学与研究出版社。

会通过不同题型达到测量的目的。阅读试题常见题型如下：

①多项选择题

用于阅读理解测试的材料通常分为句子和语段两种，更常见的还是语段。多项选择题的主要功能是测量学生对语段内部意义或整体意义的理解，可以测量到学生对语段理解的程度。

例如：阅读短文后选择正确答案回答问题。

大卫在中国的学习生活

大卫是英国人，他上个月来到了北京。他是来学习汉语的。开学以后，他游览了长城、天安门和天坛，他认为长城比天安门和天坛更漂亮，这可能是因为他去长城的时候是晴天，而他去天安门和天坛的那天是阴天。大卫很喜欢北京，可是他不喜欢北京冬天的天气，因为北京的冬天比伦敦冷多了。最低气温在 -10℃左右，刚到北京的时候，他常常感冒。

开始上课以后，大卫很忙。他每周有二十节汉语课，另外他还选修了两节中国功夫课和两节汉字课。在英国学校一般早上 9:00 开始上课，可是在中国一般是早上 8:00 开始上课，大卫就是天天 8:00 就有课，所以他已经迟到三次了，他觉得很不好意思。

在北京的学习生活很忙，可是大卫觉得很开心。

1. 大卫是什么时候到北京的？

　　A. 一个月以前　　　　B. 一个月以后　　　　C. 开学以后

2. 大卫认为天安门和天坛怎么样？

　　A. 很漂亮　　　　　　B. 不漂亮　　　　　　C. 很大

3. 大卫去天安门的时候天气好吗？

　　A. 好　　　　　　　　B. 不好　　　　　　　C. 不知道

4. 刚到北京的时候，大卫的身体怎么样？

　　A. 很好　　　　　　　B. 不太好　　　　　　C. 不知道

5. 大卫每周一共要上多少节课？

　　A. 4 节　　　　　　　B. 20 节　　　　　　　C. 24 节

6. 中国的学校一般早上几点开始上课？

　　A. 8：00　　　　　　B. 9：00　　　　　　　C. 10：00

②正误判断题

正误判断题是给学生一个一个的句子，让学生根据自己对阅读材料的理解，判断句子的意义正确与否。该题型的本质与多项选择无异，只是判断题更直接、易答。由于学生只面临"对"与"错"两种选择，因此，很难排除学生猜测的因素。该题型的测试重点也是测量学生对意义的理解。

例如：阅读短文后判断对错。

今天是玛丽来中国的第一天。因为中国的学校一般都是早上 8:00 开始上课，学校的办公室也是早上 8:00 开始上班，所以玛丽今天起得很早，她先到办公室办理了注册登记手续，然后她带着护照去银行开了一个普通的往来账户。中午她和她的中国朋友大明一起在学校里的餐厅吃了中国菜，大明请玛丽下个星期六去他家做客。大明说他妈妈做的饺子比餐厅的更好吃，玛丽高兴极了，她说："下个星期六我一定去。"玛丽问大明学校有没有健身房，大明说："学校不但有健身房，而且健身房很大、很漂亮。现在去那儿健身的人越来越多了。"下午玛丽和大明又一起去了学校的图书馆。玛丽发现图书馆的设施很先进，有很大的计算机房，还有很大的阅览室。玛丽想每天晚上来这里学习汉语，大明说："如果你想晚上在图书馆看书，就要早去，不然就没有座位了。"

判断句子的对错：

1. 中国的学校一般都是 9:00 开始上课。（　　　　）

2. 今天玛丽先去办公室办理登记手续。（　　　　）

3. 今天中午玛丽吃了中国菜。（　　　　）

4. 玛丽下个星期六要去大明家。（　　　　）

5. 大明妈妈做的饺子不好吃。（　　　　）

6. 晚上玛丽想在宿舍学习汉语。（　　　　）

7. 学校的健身房又大又漂亮。（　　　　）

8. 晚上去图书馆看书的人很多。（　　　　）

③简答题

简答题要求学生在试卷规定的位置按要求写出答案。命题者一般对答案的长度进行一定的限制。简答题由于涉及书面表达能力，使得测试目标不单纯，评分也难以保证客观，但因为它能排除猜测的因素，所以有人认为它可以真实反映学生的阅读理解情况。为了避免因学生汉语表达能力给作答造成的障碍，也可要求学生用母语回答问题。该题型可以在更广的范围内考查学生的阅读能力。

例如：阅读短文后简要回答问题

小李不好意思地朝我走来，我知道他又要找我借钱了。俗话说：想让别人不借钱，就得先跟别人借钱。先下手为强！我抬起头，主动招呼道："小李，我有个事想请你帮忙！"小李赶忙跑过来。我说："是这样的，我准备买一套房子，看都看好了，可价钱贵了点儿。你手头儿不紧的话，能不能先借我一点儿？"

小李满脸尴尬地说："真不巧啊，我这几天也手头儿紧，正想找你借钱呢！"看着小李灰头土脸地离去，我在心里乐开了花：呵呵，这一招真灵！

接下来的几天，单位里的同事都知道我要买房，再没有人向我借钱了，很多同事还主动找我还钱了。

这天，小李又来找我，问："肖哥，你真的要买房子吗？"我一惊，连忙说："当然是真的，定金都交了！"小李忙掏出一个报纸包裹，说："买房是大事，我不能耽误你，这些是我还你的钱。另外还有一万块，是我借你的。以前你帮了我不少忙，现在就让我还还人情吧！"我心中大喜：没想到这些陈年老账，就这么收回来了！

一个礼拜后，厂长问我："老肖，你真的买房了？"

"是啊，厂长，过几天就搬新居！"我从容地回答。

"看来这是真的了！"厂长舒了口气，说："这下好办了，厂里最近要为没房的老职工买单元楼，结果缺了一套。你既然已经买房了，就先为单位做做贡献吧？现在单位效益不太好，以后慢慢补偿！"

天哪，我怎么这么倒霉呢！

1."我"认为不让别人向自己借钱的最好的方法是什么？

2.小李张口向"我"借钱了吗？

3."我"为什么说自己倒霉？

4.本文的题目应该用"因小失大"还是"万无一失"？为什么？

（2）阅读测试的命题要求

第一，选择适宜的阅读材料。

编制阅读理解试题，首先要选择好材料。命题者要根据学生的实际水平选择难易和长短适当的材料；内容上力求真实、有趣，不但有实用价值，而且能提高学生的阅读兴趣；在形式上力求多样，比如故事、便条、通知、广告等，拓展学生的阅读范围；此外，材料还要求信息量充足，避免因信息量少而凑题的现象。

第二，要以信息为目标设计考点。

阅读的目的是为了获取信息，因此，它与汉语知识的考查目标不同，不是词汇、语法等知识，而是语句、语段的意义，也就是说，阅读题的考点设计应以信息，并且必须是阅读材料提供给读者的信息为目标而设计。若试题考点不是围绕语段的信息，而是侧重于语法，比如，正误判断题目提供的句子被编写出语法错误，则使该题偏离命题要求，失去考查的意义。

第三，考点要尽量覆盖全文的内容。

命题者在设计题目时，每一题都有一个考点，既然考点应来源于阅读材料的信息，而每一个信息又来源于阅读材料的语句或语段，所以要全面地考查学生对整篇材料的理解情况，考点就要尽量覆盖全文。若考点的信息内容都集中在阅读材料的前三分之二的部分，那么后三分之一的内容就成了无用的信息。当然这也不意味着每个信息都要设考点，若短文的信息量足够多，应选择主要的信息点进行考查。

第四，考点应涉及多范畴信息和多层次能力。

阅读材料包含多种范畴的信息。从覆盖材料范围大小来看，可分为细节信息和概括信息；从性质来看，可分为事实信息、背景信息、态度信息、推断信息等；从表达方式来看，可以分成明示信息、隐含信息等。不同范畴的信息需要用不同的阅读能力来获得，比如，要获取明示信息，具有理解直接陈述信息的能力即可获得，而要获得概括信息则需要有概括、归纳能力的支持。因此，考点应涉及多范畴信息，这样也就可以多层次地考查学生的阅读能力。

3.测量写作能力

（1）汉语写作能力与常见题型

汉语写作能力是对学生书面表达能力的测试。它基本包括三个层次：第一是学生的遣词造句能力，包括汉字书写、词语搭配等。第二是语段层面的衔接与连贯能力，包括句与句之间的衔接与连贯、表达的扩展与推进、基本的汉语修辞意识。第三是语篇层面的衔接、连贯与修辞能力，包括突出中心、段落间的衔接与连贯、段落表达的推进与扩展、能采用汉语修辞方法来增强表达效果。[1] 从汉语写作能力的综合性特点来看，其试题设计的形式和内容应丰富多样，既可以包括练习性的写作，比如：模仿写、缩写、扩写、改写等，又包括应用性的写作，比如：便条、书信、日记等，既可写人又可写事、写景等。通过学生完成写作任务的情况，推断出学生的语言运用能力，比多项选择题可靠得多。

写作测试的常见题型有：

①看图写话

例如：看下列五幅图画，然后用汉语书面表达形式写出来。

该题的设计使用图画启发学生写作的内容，要求学生将图画表现的内容用汉语的书面形式写出来，在设计这类试题时，选择的图画要简单易懂，且内容与教学内容等相关。若图画内容难以理解或应用的语言表达超出了学生的实际能力，那么试题的设计就偏离了写作测试的真正目的。

②扩写

扩写就是用自己的语言对所给文字信息进行补充和扩展，使之更完整、丰富，从而写出一段新的文字。

例如：请根据看到的文字大意扩写短文（200字以上）

　　　大卫坐出租车去买电脑，结果把自己的包忘在出租车里了，大卫到了商店才发现，他很着急，这时出租车司机给他打来了电话。

　　　扩写后的短文：

　　　来中国的时候，大卫没有带自己的电脑。今天下午没有课，大卫

1 杨翼（2010），《对外汉语教学的成绩测试》，北京大学出版社。

打算到商店去买个电脑，因为大卫还不认识路，所以他打了一辆出租车。大卫来到商店，看到那里有很多种牌子的电脑，买哪种好呢？他有点儿拿不定主意了。最后售货员给大卫推荐了一种，大卫很满意。他刚要付钱的时候，发现自己的包没有了。他的信用卡什么的就放在书包里。他想一定是自己把包忘在出租车上了，可是他也不知道怎么找到那位司机呀。正在大卫很着急又不知道怎么办的时候，那个司机给大卫打来了电话，大卫感动极了。

在初级汉语的写作测试中，用于段落梗概的表达要清楚、简洁。要求扩写的短文的字数也不宜太多。

③续写

续写是指从原文出发，遵循着原文的思路，对原文做延伸，直至完成写作任务。例如：请阅读下面的语句，然后用自己的话续写完成这个故事。

　　大卫去中国饭馆吃饭，但他看不懂中文菜单，就随便点了一个，结果是个汤。这时他听见旁边的中国人对服务员说："再来一个"，一会儿上来一个很不错的菜，大卫以为这个菜的中文名字是"再来一个"，

_____

_____

_____

要使学生顺利完成续写，段落开头的若干语句必须有引导作用，使学生能根据故事的开头，展开联想，续写出故事的发展与结局。这样的写作方式能激发学生的想象力，刺激学生的写作动机，充分展示自己的写作能力。

④命题写作

命题写作一般是指出题者给出一个既定的题目或规定写作范围，学生根据指定的题目或要求进行写作。命题作文包含应用文（如：便条、启示、书信等）、记叙文（如：写人、写事、写景）、议论文（如：读后感、观后感、评论）。

例1：以《我的家庭》为题写一篇150～200字的作文

_____

_____

_____

例2：写求租启事

情景描述：你急需租一套房子，请用中文写一则150字左右的求租启事，说

明你需要什么样的房屋、家具、月租金、位置，并写明联系方式等。

_____

_____

_____

上例1是要求学生写一篇题目为《我的家庭》的作文，根据题目学生应该写一篇记叙文，记叙文也是初级水平学生应重点掌握的文体。例2是要求学生写一则启事，并给学生规定了写作的主要内容，这样可以更好地控制学生的写作文本，得到真正能代表学生写作能力的样本，使教师能准确地判断学生的写作能力，同时也能使评分更加有据可依，更加公平。

（2）写作测试的命题要求

第一，写作任务应依托于教学内容。

无论是命题写作还是非命题写作任务，写作任务的选取都要考虑学生能否完成，即教学内容，包括汉字、词汇、语法等汉语言知识应成为学生完成写作任务的支撑，只有这样，学生才能展现他们的学习成果。这一方面可以保证写作任务在学生的能力范围之内，另一方面也是成绩测试的基本要求。

第二，命题写作任务应真实、有用。

课堂教学内容很丰富，比如学生学会根据不同的情境，使用汉语就不同的话题进行表达，同时接受过对不同内容、不同体裁的写作训练，而写作任务往往只有一个，这就要求命题者从实用的角度出发，尽可能选择真实的写作任务，切合学生的生活，使学生能学以致用。比如，以"我喜欢旅游"为题要求学生写作就不妥，因为有些学生并不喜欢旅游，若一定要求学生以此为题写作，其内容可能是虚假的，对学生没有什么实用价值。

第三，试题设计要突出对写作能力的测量。

一般意义上而言的写作能力是多种能力的集中表现。除了必要的语言知识和能力以外，还涉及人的想象力和社会知识、科学知识等，但汉语写作测试的目标是写作能力，而非人的想象力或其他知识，因此测试的主要内容应着重在词汇、语法、语用和篇章结构上，设计试题时应尽量避免和排除可能干扰写作能力判断的因素。要求学生写作的内容应该是他们所熟悉的，避免出现依赖某一门知识才能完成的任务；题目的编写不要给学生阅读障碍；引导材料要直观易懂，比如，图画和表格等。

第四，写作试题要保证以意义为测试焦点。

写作测试测量的是学生用书面语形式进行语言输出的能力，语言输出的目的是表情达意，所以写作过程中语言输出也应该以意义表达为主，以汉语形式为辅。因此，虽然有人把句子转换、组词成句等试题也归在写作测试中，但它们只能是辅助的测试手段，而非主体。

（3）写作测试的评分

一份综合技能的笔试卷通常既含有客观性测试题，也含有主观性测试。客观题指答案唯一的题目，多项选择和判断对错都属于典型的客观测试题，因此，客观题不受阅卷人的影响。而主观测试题目指答案比较灵活，需要阅卷人对学生的作答给出主观判断的题目，写作题就属于典型的主观测试题，特别是命题作文，其阅卷评分存在着不稳定性。以短文写作为例，为了尽可能降低主观题评价的不客观性，提高评分的信度，命题时应清楚地描述写作题的指导语，严格控制写作的主题、长度、内容等，把一个概括的大标题划分成若干个小题目，使学生的写作样本更规范。此外，教师评阅试卷也应该依据一定的评分标准。现行不少试卷主观题的评分标准普遍存在着过于笼统的现象，命题作文在很多试卷中只是给出了一个总分数，并没有具体标出分数是如何分配的。我们建议这类题目的评分标准应该更具体化，使教师评价有据可依，提高评分的信度。

常用的评分标准有两种：一种是计算错误法，即数出文章中的错误，按错误的种类和数量扣分。那么评分标准也应有详细的规定才能实现，比如，语法错误扣1分，三个错字扣1分，相同汉字错误不重复扣分等。但这种方法的致命弱点是忽视了文章的结构、思想表达等方面的内容。另一种评分方法是分析法，即把一篇作文分成若干项目，按照规定的评分标准，对每项分别评分，最后将各项目分数加和，得出总分。评分标准规定得越详细，评分的信度越高。若写作题目总分为20分，可制订命题写作得分项评分表如下：

项目 \ 各项分数	第1项得分（总分3）	第2项得分（总分3）	第3项得分（总分3）	第4项得分（总分4）	第5项得分（总分4）	第6项得分（总分3）	总分
1. 结构与组织	2						
2. 写作内容		3					
3. 表达的流畅性			3				

（续表）

项目 \ 各项分数	第1项得分（总分3）	第2项得分（总分3）	第3项得分（总分3）	第4项得分（总分4）	第5项得分（总分4）	第6项得分（总分3）	总分
4.语法的正确性				3			
5.用词的准确性					3		
6.汉字和标点						1	
							15

　　上表各分项的总分不一，体现了写作试题考查的侧重点的不同。"语法的正确性"和"用词的准确性"两项所占分值比例最高，说明命题人考虑初级阶段语言知识是基础，是考查重点。这部分可根据测试的目的合理划分。

　　利用分项评分表，一方面可以使教师对学生得分做出合理的解释，评分相对公平，另一方面，学生和教师可以清楚地了解他们在写作能力上的长项和不足，为学生的学习找到努力的方向，也使教师的教学更有的放矢。